자폐
스펙트럼
청소년
효과적으로
지원하기

92
human
therapy

가정과 학교에서의 교육과 지원을 위한 팁

자폐 스펙트럼 청소년 효과적으로 지원하기

변관석 지음

이담북스

자폐 스펙트럼 청소년을 위한 학교와
가정에서의 효과적인 지원과 교육에
작지만 의미 있는 도움이 되길 바라며

———

자폐 스펙트럼 장애(Autism spectrum disorder)는 DSM-5에서 신경·발달적 장애의 한 유형입니다. 하지만 스펙트럼이라는 명칭에서 알 수 있듯이, 발달적, 인지적, 사회적 능력의 수준 범위는 아주 넓습니다. 이 책에서 자폐 스펙트럼 '장애'라는 표현보다는 '자폐 스펙트럼'이라는 표현을 사용한 것도 이 넓은 스펙트럼을 반영하기 위한 표현입니다.

나중에 본문에서 더 자세하게 설명하고 있지만, 그 이유를 간단하게 말해 보겠습니다. 자폐 스펙트럼 '장애(disorder)'에는 발달적, 인지적 어려움을 동반하고 있는 '장애(disability)'가 있는 사람도 있지만, 발달적, 인지적으로 어려움이 작거나 없는 사람도 존재하고 있습니다. 그래서 저는 통틀어서 '장애'라는 표현을 사용하지 않은 것입니다. 'disorder'라는 용어를 국내에서는

'disability'와 같이 '장애'라고 번역하고 있지만, 사실 다소 적절하지 않은 부분이 있다고 생각합니다. 구분이 필요한 것이지요. 물론 적절한 대체어를 고민해봐도, 쉽게 떠오르지 못했을뿐더러, 대단치 않은 제가 그걸 임의로 정하는 것은 더더욱 적절하지 못합니다. 그래서 저는 이 책에서 '장애'를 뺀 '자폐 스펙트럼'이라는 용어를 사용했습니다.

다만 오해하지 않으셨으면 하는 점은, 제가 '장애'라는 표현이 부정적이라고 생각하거나, '발달적, 인지적 어려움으로서의 장애' 다시 말해 'disability'가 있는 사람이 그렇지 않은 사람보다 더 가치가 적다고 생각하지 않는다는 사실입니다. 무엇보다 일단 저 자체가 지적장애 등의 발달장애 학생들을 주로 가르쳐 온 특수교사이면서, 석사 및 박사과정 역시 지적장애 및 발달지체 학생 교육을 전공으로 하였습니다. 이런 용어에 관한 생각은 어디까지나 좀 더 적절한 표현을 고민해보는 차원에서 드리는 말씀입니다.

어쨌든 그만큼 '자폐'의 스펙트럼은 너무도 넓기에 그 스펙트럼 안에 있는 모든 사람을 지원하기 위한 하나의 방법이나 전략은 존재할 수 없습니다. 하지만 자폐 스펙트럼에 있는 사람들이 흔히 보이는 특성이나 교육 및 생활에서의 어려움을 중심으로 하여, 이를 효과적으로 지원하기 위한 자료를 만드는 일은 필요하다고 생각합니다. 이러한 공통 원칙을 담은 자료를 바탕으로 자폐 스펙트럼에 있는 사람 개개인의 요구와 특성에 맞는 추가적인 지원방법이나 전략을 수정하고 보완해서 맞춤형으로 재구성할 수 있다고 생각하기 때문입니다.

이 책은 자폐 스펙트럼에 있는 사람 중에서도, 특히 초등학교 고학년에서 중·고등학교에 재학 중인 자폐 스펙트럼 청소년을 가정과 학교에서 효과적으로 지원하기 위한 전략과 방법을 담고 있습니다. 어린 아동 그리고 반대로 전공과나 대학, 직장 등에서 일하는 청년들에게도 도움이 될 수 있는 내용을 포함하고 있기는 하지만, 초점은 '청소년기'에 맞추고 있습니다.

자폐 스펙트럼 청소년을 효과적으로 지원하는 방안을 담기 위해서, 이 책은 크게 4개의 파트로 내용을 구성하였습니다. 먼저 Part 1에서는 자폐 스펙트럼의 기본적인 특성과 교육 및 지원을 위한 원칙을 간략하게 설명하고 있습니다. 또 이들의 행동 지원을 위한 개별 차원의 긍정적 행동 지원에 관한 내용도 나름대로 꼼꼼하게 포함하였습니다. Part 2에서는 본격적으로 자폐 스펙트럼 청소년을 지원하기 위한 전략을 담고 있습니다. 여기에는 의사소통, 사회성, 자기결정, 문해력, 일상생활, 신체 활동 증진, 수면 증진, 감각적 안정을 위한 팁 등과 함께 이성과 만남을 준비하기 위한 지원 관련 내용도 포함하고 있습니다. Part 3는 자폐 스펙트럼 청소년을 위한 가정과 학교에서의 환경 구조화 방법으로 티치(TEACCH) 프로그램의 구조화 전략을 설명하였습니다. 마지막 Part 4에서는 책을 마무리하면서 자폐 스펙트럼 청소년의 진로·직업교육에 관한 평소의 제 생각과 '자폐 스펙트럼'이라는 특성이 결코 비장애인과 다른 것은 아니라는 평소의 제 생각을 담으면서 책을 마무리하고 있습니다.

이 책을 쓸 때, 생각한 첫 번째 원칙은 자녀 양육과 생활인으로서의 삶에 너무도 바쁜 부모님과 교육, 업무, 마찬가지로 또 가정에서는 나름의 역할을 가지고 살아가는 선생님 등을 위해서 최대한 책을 가볍고, 쉽게 쓰자는 것이었습니다. 특히나 저는 아직 자폐 스펙트럼에 관한 자세한 내용이나 지식을 습득하지 못하신 부모님이나 통합학급에서 자폐 스펙트럼 청소년을 만나는 선생님 등을 주 독자층으로 삼고 책을 썼습니다. 그래서 일단 처음 접하기에 책이 부담스러워 보이지 않도록 분량을 최소화하려고 노력했습니다. 그 대신에 추가로 읽을만한 자료를 함께 적어두는 방식을 적용했습니다. 특히 저자의 블로그 석이 선생님의 특수교육 이야기(blog.naver.com/bjs718)를 함께 활용하시면 조금은 더 유익하게 책의 내용을 공부하고 활용할 수 있으리라 생각해봅니다.

그리고 전문용어 사용의 경우에는 처음에는 완전히 전문용어를 배제하고 글을 쓰려고 노력했습니다. 하지만, 제 설명 능력 부족도 한몫했겠지만, 글을 써가면서 차츰 전문용어의 배제가 내용 이해에 좋지 않은 영향을 미칠 수 있다고 생각하게 되었습니다. 또 구글 등 각종 포털에서 용어를 검색하면 다양한 자료나 이미지를 손쉽게 볼 수 있으므로, 영어 명칭을 포함한 전문용어를 적는 게 독자분들의 편의를 위해서도 필요하다고 보았습니다. 그래서 전문용어를 사용하되, 최대한 쉽게 설명을 덧붙였습니다. 또 일상적으로 쓰일 수 있는 말과 함께 포함해서 사용하는 것으로 가닥을 잡았습니다.

두 번째 원칙은 발달적, 인지적 수준에 따라 따로 파트나 장을 구분하지 않고, 자폐 스펙트럼이라는 하나의 범주 안에서 지원 전략이나 방안을 서술하자는 것이었습니다. 흔히 지적장애를 동반하고 있는 자폐 스펙트럼을 low-functioning(저기능)으로, 지적장애를 동반하고 있지 않은 자폐 스펙트럼을 high-functioning(고기능)이라는 말로 부르면서 이분법적으로 구분하기도 합니다. 하지만 이러한 구분은 여러 가지 측면에서 적절하지 않다고 생각하고 있습니다. 이러한 용어는 지적장애를 동반하고 있는 자폐 스펙트럼 청소년의 성장 가능성과 지적장애를 동반하고 있지 않은 자폐 스펙트럼 청소년을 위한 지원의 필요성을 과소평가할 여지가 있다고 생각하기 때문입니다. 그래서 이 책에서는 자폐 스펙트럼이라는 큰 범주 안에서의 지원 전략을 포괄해서 서술하되, 내용마다 발달적이거나 인지적 수준에 따라 추가해서 혹은 수정 및 보완해서 적용해볼 만한 사항이 있다면, 이를 설명하는 형태로 책을 쓰고자 했습니다.

이 책은 미국의 자폐 스펙트럼 장애 학생 중등교육센터(Center on Secondary Education for Students with Autism spectrum disorder)에서 공공기금으로 수행한 연구 개발 프로젝트 프로그램의 내용을 일부 참고로 하였습니다(사이트 주소: csesa.fpg.unc.edu). 다만 일부 구성에 참고하였을 뿐 전체적인 내용과 각 문장, 도움 자료 등은 다르게 작업하였습니다. 또 그 이외에도 저자의 저서를 포함한 기타 관련 서적과 저자 혹은 다른 연구자의 연구논문 등을 바탕으로 하여, 내용을 새롭게 재구성하여 집필하였습니다. 그동안 저는 몇 권 되지 않은 책, 그것도 그리 좋지도 않은 책을 썼지만, 책을 쓸 때마다 '책'이라는 것은 기존의 수많은 연구자의 연구 성과를 어느 정도 빌려오는 일이라고 생각하게 됩니다. 그래야만 학문적, 경험적인 근거를 갖춘 그래도 신뢰성 있는 책이 될 수 있기도 합니다.

마지막으로 이 책에서 직 · 간접적으로 인용한 많은 연구자료와 서적을 집필한 연구자, 저자분들께 고마운 마음을 전합니다. 또 부족한 저를 선생님이라고 불러주는 학생들과 학부모님에게도, 또 저를 가족 구성원의 한 사람으로 불러주는 제 가족들에게도 감사하다는 말씀을 드리고 싶습니다. 무엇보다 부족한 저자인 저의 책을 읽어 주시는 독자분들께 진심으로 감사드리며, 들어가는 글을 마칩니다.

중등특수교사, 교육학박사

변 관 석 올림

차례

3. 자폐 스펙트럼 청소년을 위한 환경 구조화 전략: TEACCH

4. 나가면서

1.

자폐 스펙트럼 청소년 이해하기

제1장

자폐 스펙트럼의
주요한 특징을
알아봅시다

자폐 스펙트럼 장애(Autism Spectrum Disorder)는 한 사람이 다른 사람과 환경을 인식하고 이해하는 방법에 영향을 미치는 발달적인 장애라고 볼 수 있습니다. 그중에서도 특히 사회적 상호작용과 정보의 처리 과정에 영향을 미치곤 합니다. 과거에는 자폐증(autism)이라고 단정적인 명칭을 사용했습니다. 지금 '스펙트럼'이라는 용어가 포함된 이유는 자폐 스펙트럼 장애가 한 개인에 따라 매우 다양한 정도(severity), 범위, 특성으로 나타날 수 있기 때문입니다.

지금부터 우리는 자폐 스펙트럼 장애의 주요한 특징에 대해서 알아보겠습니다. 그전에, 여러분들이 꼭 기억하셨으면 하는 두 가지를 말씀드립니다. 첫째, 저는 이 책에서 '자폐 스펙트럼'이라고 주로 말하겠습니다. 현재 국제적으로 통용되는 '미국 정신장애 진단 및 통계편람 제5판'(흔히 DSM-5라고 부름)의 국내 번역본과 최근 국내외의 다양한 서적에서는 'autism spectrum disorder'라는 영어 표현을 '자폐 스펙트럼 장애'라고 부르고 있습니다. 'disorder'를 '장애'라고 번역한 것입니다. 우리나라에서는 'disability', 'disorder', 'disturbance' 등 서로 다른 정신의학 분야의 전문용어를 모두 '장애'라는 말로 통일해서 부르고 있습니다.

저는 'disability'와 'disorder'가 모두 '장애'로 번역되는 것이 아주 적절하다고는 생각하지 않습니다. 좀 어렵지만 모든 'disorder'가 '장애(disability)'를 가지고 있다고 표현되어서는 곤란하다고 생각합니다. 지적 기능, 신체적 기능 등에 있어서 유의미한 어려움을 뜻하는 'disability'가 안 좋은 말이라고 생각해서는 결코 아닙니다. 'disability'를 가진 사람도 여느 사람들과 동등한 가치가 있고, 그래서 적절한 교육적, 사회적 지원과 함께 이들의 강점을 먼저 바라보는 자세가 필요하다고 믿습니다.

다만 용어는 관련 정책과 적절한 지원 계획을 세울 때 필요한 수단이라고 생각합니다. 저는 자폐라는 넓은 스펙트럼 안에는 단순히 'disability'라고 표현할 수 없는 경우도 꽤 있다는 사실을 고민해보자는 말을 하고 싶습니다. 개인적으로 선호하는 말은 아니지만, 흔히 말하는 '고기능(high-functioning)' 자폐*를 가진 사람 중 일부도 해당할 수 있습니다. 그만큼 자폐라는 스펙트럼이 가진 폭은 넓고 거대합니다. 그런데 또 'disorder'라는 전문용어를 마땅히 다른 용어로 번역하는 데 어려움이 있는 것 역시 사실입니다. 제 임의로 어떤 용어를 사용하는 것도 적절하지 않습니다. 그래서 저는 하나의 범주적인 관점에서 '자폐 스펙트럼 장애' 대신에 '자폐 스펙트럼'이

---

* 인지적인 장애(disability)나 어려움을 가지고 있지 않은 자폐인을 의미하는 용어입니다. 다만 고기능 혹은 저기능으로 구분하는 것이 여러 측면에서 적절하지 않다고 판단하여, 이 책에서는 이러한 용어를 가급적 사용하지 않고 있습니다.

라는 말을 이 책에서 주로 사용하고자 합니다.

둘째, 무엇보다 기억해야 할 점은 완벽하게 같은 자폐 스펙트럼을 가진 두 명 이상의 사람은 존재하지 않는다는 사실입니다. 지금 이 책에서 어쩔 수 없이 자폐 스펙트럼의 특성이라는 이름으로 큰 범주의 이야기를 하고 있지만, 그럼에도 세부적으로는 개인별로 적게 또는 상당히 서로 다른 특성을 보일 수 있습니다. 우리는 그 점을 반드시 기억해야 합니다.

그럼, 자폐 스펙트럼의 주요한 특성을 살펴보겠습니다.

1. 사회적 의사소통과 상호작용에서의 차이

자폐 스펙트럼을 가진 사람, 다시 말해 자폐인은 언어의 이해, 통상적인 대화 기술에서 어려움을 겪을 수 있습니다. 심한 지적장애를 동반하고 있는 경우라면 전반적인 언어의 지체로 인해서 꼭 사회적인 것을 떠나서 전반적인 의사소통에 어려움이 있을 수 있습니다. 이런 경우에는 상대방과 눈 맞춤에 어려움이 있다든지, 함께 어떠한 사물을 주목해서 바라보거나, 공동의 활동을 수행하는 데 어려움이 있는 사회적 상호작용에서의 어려움이 두드러지게 나타날 수 있습니다.

지적장애를 동반하지 않는 등 상대적으로 높은 지적 능력을 갖추고 있는 자폐인이더라도, 상대방이 표현하는 언어의 미묘한 차이를 이해하는 등에 아주 어려움을 느낄 수 있습니다. 특히 농담이나 비유적인 표현을 잘 이해하기 힘들어하고, '직독직해'하는 데 더 익숙할 수 있습니다. 나중에 좀 더 자세히 이야기하겠지만, 그렇기에 자폐인과 이야기할 때는 비유적인 표현을 최대한 삼가고, 명확하고 간결하게 이야기할 필요가 있습니다.

2. 반복적인 행동과 반향어

자폐인은 의식화된 반복적 행동(예: 항상 선을 밟지 않는 행동 등)이나 어떠한 운동을 반복적으로 행하는 상동 행동을 표출하기도 합니다. 이러한 상동 행동은 손을 자주 펄럭이거나 고개를 흔드는 등의 모습으로 표현되곤 합니다. 신체적인 행동 이외에도 같은 음성이나 말을 반복해서 표출하는 음성 상동 행동을 보일 수도 있습니다. 대화 상대의 말을 즉각 따라 말하거나, 이전에 어디선가 인상 깊게 접했던 구절을 지연해서 종종 반복하는 반향어 특성을 보이기도 합니다. 상대적으로 지적 능력이 높은 자폐인도 자신의 감정이나 행동을 조절하기 위해서 이러한 행동을 충분히 보일 수 있습니다. 다만 이 경우에는 종종 손마디 꺾기, 연필이나 펜 씹기, 특정 생각이나 주제 유지하기 등 덜 두드러진 모습으로 나타날 수 있습니다.

반복적인 행동이나 언어적 표현은 본인이나 타인의 신체와 건강에 심각한 문제가 되는 게 아니라면, 어느 정도 허용해 줄 필요가 있습니다. 나름대로 자신의 감정과 행동을 조절하기 위한 노력이나 나름의 의사 표현 수단으로 보아도 좋기 때문입니다. 특히 반향어는 자신의 요구를 표현하는 수단일 수 있습니다. 주의 깊게 살펴 실제 의미를 파악하여, 필요한 도움을 주거나 때로는 적절한 언어 표현을 가르칠 수 있는 자연스러운 기회로 활용할 수도 있습니다. 다만 반복적인 행동이 타인이나 자신의 건강이나 학습, 생활 등에 큰 문제를 이끈다면, 적절한 대체 행동으로 바꾸어줄 필요도 있습니다. 이 파트의 제4장에서 이에 대한 내용도 다루고 있습니다.

3. 특별한 흥미와 예측 가능한 일과 선호

모든 자폐인이 다 그런 것은 아니지만, 많은 자폐인은 매우 특정하고 고정적인 흥미를 느끼고 있습니다. 2022년 여름에 방영된 〈이상한 변호사 우영우〉에서 자폐인인 우영우 변호사가 고래에 대해 보인 크나큰 관심을 생각하면 이해가 더 쉽습니다. 자폐인들은 개개인에 따라 교통수단의 종류, 공룡, 밀리터리 등 특정 영역에 대한 관심을 보이곤 합니다.

이러한 특정 영역에 대한 지대한 관심은 아주 훌륭한 학습 동기 증대 수단이 될 수 있습니다. 가령 고래를 좋아하는 학생이라면, 고래와 관련된 글을 이용해서 국어 교육을 해볼 수 있습니다. 또 더 나아가 이러한 특정 영역에 대한 관심이 향후 진로 및 직업교육에서도 긍정적으로 활용될 수 있습니다. 가능하다면 이러한 특별한 흥미를 진로에도 반영할 수 있다면 가장 좋을 것이고, 그것이 어렵다면 진로 및 직업교육 과정에서 이러한 흥미 요소를 적절하게 동기유발 요소로 활용할 수 있습니다.

또 인지적 수준의 정도를 떠나서 대부분의 자폐인은 예측 가능한 일과와 그 일과의 반복에 안정감을 느낍니다. 그래서 갑작스럽게 매일 반복되어 온 일과에 변화가 생기는 것을 힘들어하곤 합니다. 따라서 가급적 매일의 반복적인 일과를 지키려고 하되, 그게 어렵다면 미리 충분하게 일과의 변경을 안내해 줄 필요가 있습니다. 이때 필요하다면 그림(사진), 동영상 등 시각적인 자료를 활용해서 안내할 수도 있습니다. 이에 대한 좀 더 자세한 설명과 예시 역시 이 책에서 다루고 있습니다.

4. 감각적인 차이

자폐인들은 학교나 가정 혹은 지역사회의 특정 요소에 대해서 비장애인과는 다른 민감함을 보일 수 있습니다. 여기에는 청각 혹은 시각 등 다양한 감각적인 민감함이 포함될 수 있습니다. 〈이상한 변호사 우영우〉에서 우영우 변호사가 일상생활에서의 다소 시끄러운 소리에 예민하여 차폐 헤드셋을 착용하는 모습을 생각하시면 이해가 쉬울 것입니다. 청각적인 자극에 예민한 경우라면 시중에서 판매되는 차폐 헤드셋(모든 소리를 차폐하는 헤드셋이 아니더라도, 공사장에서 주로 사용하는 큰 소리를 막아주는 방음용 헤드셋도 충분히 유용하게 활용할 수 있음)을 착용하도록 교육할 수 있습니다. 시각적인 자극에 예민한 경우라면 필요에 따라, 안대 혹은 선글라스를 필요에 따라 활용하도록 가르칠 수 있습니다.

다만 한 사람이 삶을 살아감에 있어서 어느 정도라도 적응할 필요가 있는 감각적인 자극이라면, 그 자극에 익숙해질 수 있도록 아주 조금씩 자극의 강도나 지속시간을 늘려가는 방식으로 체계적인 적응 교육을 꾸준히 해나갈 필요가 있습니다. 이때 사전에 이러한 자극에 제시될 수 있음을 시각적인 방법으로 충분히 안내하여 마음의 준비를 할 수 있도록 도울 수 있습니다. 또 가능하다면 1부터 10까지 수를 천천히 세보거나, 깊게 숨을 내쉬면서 마음을 가다듬는 방법, 몸 전체에 힘(긴장)을 주었다가 한순간에 힘을 풀면서 이완하는 방법 또는 기분 좋았던 일이나 좋아하는 사람, 사물 등으로 빠르게 생각을 전환하는 등의 다양한 이완 전략도 함께 가르치고 꾸준히 연습하도록 할 수 있습니다. 유튜브에서 '마음 안정화를 위한 근육이완운동'을 검색하면, 보건복지부 산하 국립정신건강센터 등에서 제작한 교육 동영상을 시청할 수 있으니, 참고 바랍니다.

이와는 반대로 자폐인은 어떠한 감각을 비장애인보다 덜 느낄 수도 있습니다. 예를 들어, 촉각적인 자극을 비장애인보다 덜 느낀다면 이를 충족하기 위해 자기 자극적인 행동이나 심하면 자해로 보일만한 행동을 하기도 합니다. 청각적인 자극이 부족하다면 자기 귀를 때려 소리를 내면서 자극을 즐길 수도 있습니다. 청각, 촉각, 시각 등 여러 감각적인 자극을 과도하게 추구한다면, 다양한 도전적 행동의 원인이 될 수 있으므로 적절한 중재가 필요합니다. 보통 감각통합 중재(치료) 접근이 많이 적용될 수 있으며, 학교 및 가정에서는 긍정적 행동지원의 일환으로서 감각적 자극 추구에 대한 문제에 접근할 수 있습니다. 또 이러한 중재에도 적절하게 반응하지 않는다면, 정신건강의학과 전문의의 진단을 거쳐 적절한 약물치료를 시행할 수도 있습니다. 이 책에서는 Ⅰ파트에서 긍정적 행동지원 접근을, Ⅱ파트에서 가정과 학교에서 간단하게 실천해볼 수 있는 감각통합 중재 관련 내용을 다루고 있습니다.

　이번 장에서는 자폐 스펙트럼을 가진 사람들의 주요한 특징에 대해서 가장 기본이 되는 DSM-5의 진단 기준을 중심으로 해서 살펴보았습니다. 스펙트럼이라는 용어가 말하듯, 사실 자폐 스펙트럼에 있는 개개인의 특성은 너무도 다를 수 있습니다. 어디까지나 일반적인 특성이 이러하다 정도로 이해하고, 개별적인 다양성을 존중하는 태도를 갖추는 게 무엇보다 우리에게 중요하다고 생각합니다.

제2장

자폐 스펙트럼 청소년은 어떻게 학습할까요?

자폐인들은 비장애인과는 다른 특별한 학습 스타일을 가지고 있을 수 있습니다. 다만 비장애인과 완전히 다른 스타일이라기보다는 어떠한 성향이 좀 더 강하다는 정도로 이해하는 것이 적절하다고 생각합니다. 부모님이나 선생님은 가정과 학교에서 이들을 교육할 때 학습 스타일의 차이에서 오는 강점과 지원 요구를 통합적으로 고려해서 지원할 필요가 있습니다. 이러한 지원은 이들이 자신의 잠재 능력을 최대한 발휘하고, 가정과 학교 그리고 지역사회에서 가치 있는 역할을 하는 과정에 도움을 줄 수 있습니다. 자폐인들의 주요한 학습 스타일은 다음과 같습니다.

1. 대부분 시각적 학습자입니다.

자폐 스펙트럼에 있는 사람들은 청각적으로 정보를 받아들이기보다는 시각적인 방식으로 정보를 습득하고 이해하는 경향이 강합니다. 따라서 어떠한 내용을 말로 장황하게 설명하는 것보다는 짧고 간단하게 설명하되 단계별로 충분하게 시범을 보여주는 방식이 더 효과적인 배움을 가능하게 합니다. 또 명확한 그림 자료, 도표, 인포그래픽 등으로 제시하고자 하는 내용을 학습 전, 중, 후에 제시해주는 방법이 학습 효과를 높이는 데 필요할 수 있습니다. 사실 이건 자폐인이 아니더라도 대부분의 많은 사람이 이러한 특성이 있다고 볼 수도 있습니다. 저 역시 그렇습니다. 다만 자폐 스펙트럼에 있는 사람은 그 정도가 좀 더 클 수도 있다고 이해하면 좋겠습니다.

2. 문자 그대로의 정확한 안내를 요구하는 학습자입니다.

자폐 스펙트럼에 있는 사람들은 보통 명료하게 진술된 기대 행동, 교수적인 지시, 그리고 피드백이 필요합니다. 특히 지적장애를 동반하는 등 인지적인 어려움이 있어 여러 개의 지시(안내)를 한꺼번에 이해하기 힘들어한다면, 더더욱 명시적이고 전체 과제를 하위 과제로 딱딱 나누어서 과제 분석적으로 지시를 전달할 필요도 있습니다. 예를 들어, "철수 씨. 저기 가면 바구니가 있는데, 거기서 입을만한 옷 하나만 꺼내 오세요."라는 말보다는, "철수 씨." (철수 씨가 말하는 이를 바라보면) "제 손이 가리키는 곳을 봐주세요." "노란색 바구니가 있지요?" (철수 씨가 고개를 끄덕이거나, 대답하면) "바구니에서 파란색 반팔 티셔츠 하나만 꺼내주세요."라고 딱딱 나누어서 요청할 수 있습니다.

또 은유나 비유적 표현을 통한 안내나 전달은 삼가야 합니다. 자폐 스펙트럼에 있는 사람들은 지적장애를 동반했는지의 여부를 떠나서 어떠한 말이나 글을 '문자 그대로' 받아들이는 경향이 있습니다. 예를 들어, "너무 힘들어서 죽겠다."라는 비유적인 표현을 정말 죽을 것 같다고 말하는 것으로 이해할 수도 있다는 말입니다. 물론 적절한 학습과 사회적 생활을 통해서 이러한 은유나 비유적 표현에 어느 정도 익숙해지기도 하겠지만, 그럼에도 이들과 의사소통할 때는 가능한 은유적이거나 비유적인 표현을 삼갈 필요가 있습니다. 자폐 스펙트럼에 있는 성인이 참여한 외국의 인터뷰에서도 학창 시절에 은유적, 비유적인 표현으로 인해서 힘들었던 경험이 많았다는 내용이 있습니다.

3. 일관성과 예측 가능성이 필요합니다.

자폐 스펙트럼에 있는 사람들은 앞서 말씀드린 대로, 구조화되고 있고 예측 가능한 학교와 가정에서의 스케줄(일과)이 필요합니다. 가능한 일과를 따르도록 활동을 구성해야 합니다. 하지만 일과의 변경이 불가피하다면, 미리 충분하게 안내해야 합니다. 이때 활용할 수 있는 환경 구조화 방법이 구조화된 교수의 하나인 티치(TEACCH) 프로그램입니다. 티치 프로그램에 관한 설명은 이 책의 Ⅲ 파트에서 자세하게 설명하고 있습니다. 사실 예측 가능성을 추구하는 성향 역시 꼭 자폐 스펙트럼의 고유한 특성이라기보다는 사람들 대부분이 공유하고 있는 것이라고 볼 수 있습니다. 다만 '시각적 학습자' 특성과 마찬가지로 그 정도가 좀 더 크다고 받아들이면 좋겠습니다.

이번 장에서는 자폐 스펙트럼 청소년이 어떻게 학습하는지에 대해서 알아보았습니다. 1장에서 알아본 자폐 스펙트럼의 특성과도 연관되는 내용들이라 중복되는 내용도 있었지만, 그만큼 자폐 스펙트럼을 이해하기 위해 중요한 사항이라고 생각해주십시오.

제3장

가정과 학교에서의 기본적인 지원 전략: 다섯 가지 원칙

이번에는 자폐 스펙트럼에 있는 사람들을 가정과 학교 그리고 지역사회의 여러 장소에서 가르치고 지원할 때 알아두면 좋은 기본적인 지원 전략에 대해서 살펴보고자 합니다. 물론 이러한 전략에는 다양한 것들이 있을 수 있습니다. 하지만 여기서는 꼭 필요한 사항들을 중심으로 크게 다섯 가지 원칙으로 추려서 이야기해보겠습니다.

1. 프라이밍(priming): 사전 안내하기

프라이밍을 저는 '사전 안내하기'라고 번역합니다. 프라이밍이 어떠한 교육이나 활동을 본격적으로 시작하기 전에, 학습 코스나 교재, 과제 등을 미리 노출해주는 방법을 말하기 때문에 그렇습니다. 프라이밍은 쉽게 말해서 '맛보기'입니다. 이 방법을 통해 자폐인들은 학습 자료나 상황에 미리 더 친숙해질 수 있으며, 주요 개념을 더 깊이 이해할 수 있습니다.

예를 들어, 학급에서 토론 수업을 하기 전에, 해당 차시의 예상 질문 리스트나 토의 주제 등을 미리 제공할 수 있습니다. 또 수업 전에 가장 중요한 개념에 대해서 미리 설명하거나 간단한 자료로 안내할 수 있습니다. 그리고 곧 다가오는 시험, 프로젝트, 혹은 현장체험학습 등에 대해서 충분히 상기하도록, 가정에서 이들에게 사전 예고를 여러 번에 걸쳐 충분히 해줄 수 있도록 부모님에게 요청할 수도 있습니다. 이때 앞서 말씀드린 대로, 사진이나 동영상 등 시각적인 방법을 활용하는 것도 좋은 수단이 될 수 있습니다.

제 경험을 예로 들어보겠습니다. 예전 학급 학생 중 한 명이었던 영태(가명)는 자폐 스펙트럼 청소년이었습니다. 영태는 제주도로 수학여행을 가고 싶어 했습니다. 하지만 비행기를 타는 것을 두려워했습니다. 비행기를 타본 적이 없었기 때문에, 비행기 안에서의 상황을 예측할 수 없었던 것도 큰 이유가 될 수 있다고 봤습니다. 그래서 저는 수학여행을 가기 전까지 2주간 매일 유튜브 비행기 동영상과 VR기기, 우퍼스피커를 이용해서 교실을 비행기와 비슷한 환경으로 만들었습니다. 조금씩 더 소리를 키우고, 더 긴 시간 VR기기를 쓰도록 하여 사전 경험을 얻도록 도왔습니다. 수학여행 전날에는 학교를 마치고 영태와 공항에 갔습니다. 다행히 학교와 공항이 그리 멀지 않았기에 가능한 일이었습니다. 공항에 가서 비행기 날아가는 모습을 지켜볼 수 있도록 했습니다. 당일이 되었습니다. 제 손을 꼭 잡고 처음에는 조금 힘든 모습을 보이기도 했지만, 영태는 별다른 도전적 행동도 보이지 않고 비행기를 잘 탔습니다. 충분한 사전 안내와 자극에 대한 점진적인 노출이 영태에게 비행기 탑승이라는 예측할 수 없었던 새로운 경험을 가능하게 해주었습니다.

2. 학업적 조정(적합화)

학업적 조정은 자폐 스펙트럼에 있는 사람들의 특별한 학업적 요구를 충족시키기 위해서 교육내용이나 과제의 형식, 난이도 등을 적합화하는 전략이라고 볼 수 있습니다. 개별 학생별로 수립된 개별화교육계획(IEP)을 참고로 하여 조정이 이루어질 수도 있습니다.

예를 들어, 과제량이나 교육내용의 범위를 더 작은 요소 단위로 쪼개서 제시할 수 있습니다. 또 과제나 문제를 다른 형식으로 제시하기도 합니다. 가령 개방형 문제를 선다형 문제로 수정하여 제시할 수 있습니다. 또 전체 글을 작문하도록 요구하기보다는 문장에서 핵심 단어를 비워 놓고 괄호를 채우는 방식으로 변형하여 답안을 작성하도록 할 수 있습니다. 그리고 문제를 푸는 과정에서 읽기에 어려움을 느낀다면, 문항을 선생님이나 부모님이 대신 읽거나, 천천히 따라 읽어보도록 도울 수 있습니다. 시간이 다소 더 걸리는 경우라면 시험 시간을 조금 더 제공하는 것도 고려해볼 수 있습니다.

3. 홈 베이스(home base): 휴식 및 전이를 돕는 공간 제공하기

홈 베이스는 자폐 스펙트럼에 있는 사람이 높은 불안이나 스트레스를 보이는 시간 동안에 다시 감정을 통제하도록 돕기 위한 휴식 장소 또는 전이를 돕는 공간을 미리 만들어두는 전략을 말합니다. 이 방법을 통해서 다른 친구들에게 주의를 빼앗기지 않고, 특정한 심리적 문제 상황을 스스로 잘 대처하도록 지원할 수 있습니다. 학교에서는 가능하다면 학생이 종종 쉴 수 있는 사적인 공간을 마련하려고 노력해야 합니다. 학급 내에 그런 공간을 마련하기 힘들다면, 다른 장소를 찾을 필요가 있습니다. 예를 들어, 보건실이나 특수학급 등이 대안이 될 수 있습니다. 또 특수학급에 와서도 개인 공간을 제공해서 혼자서 쉴 수 있도록 해주는 게 좋은데, 이때는 칸막이를 이용하거나 어렵다면 휴대용 텐트 같은 것을 이용하는 방법도 생각해볼 수 있습니다.

또 이들에게 언제 자신의 휴식 공간에 갈 수 있는지, 그리고 어떻게 갈 수 있는지(예: 가고 싶을 때 적절하게 표현하기) 등에 관해서 명시적으로 충분하게 가르쳐야 합니다. 이때 홈 베이스를 이용하는 자폐 스펙트럼 청소년이 이해하기 쉬운 시각적인 방법으로 휴식 공간에 언제 갈 수 있는지를 안내하고(예: 휴식 공간에 갈 수 있는 시간대를 시각적 스케줄에 그림 상징으로 제시함), 개인의 인지적, 발달적 수준을 고려하여 말(구어) 이외에도 그림 카드, 보디랭귀지(몸짓 상징) 등 다양한 수단으로 의사를 표현할 수 있도록 허용해야 합니다.

〈그림〉 휴식 시간 안내 시각적 스케줄 예(각 활동을 마치면 '끝'으로 상징을 이동시킴)

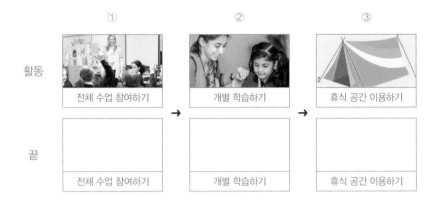

이와 더불어, 어느 정도 안정 공간에서 시간을 보낸 학생이 다시 학급 활동으로 돌아갈 수 있도록 하기 위한 점진적인 계획도 생각해 둘 필요가 있습니다. 가령 학생과의 약속을 통해 조금씩 휴식 시간을 줄여 가는데, 이것을 해내면 충분한 칭찬과 함께 필요하다면 약속된 보상을 제공할 수 있습니다.

일반적인 휴식 공간 이외에도, 장소와 장소의 전환에 어려움을 겪는 자폐인이 있다면, 전환 지원 공간을 활용할 수 있습니다. 예를 들어, 체육관으로의 장소 이동을 해야 한다면, 체육관으로 장소를 이동하기 전에 전환 지원 공간(예 특수학급 내 개인 책상 등)에 가서 시각적인 일과표를 통해 다음 이동 장소를 확인하고, 심리적인 정돈을 한 뒤에 이동해야 할 장소로 전환하도록 도울 수 있습니다.

4. 시각적 지원(visual support)

시각적 지원에는 학습이나 일상생활에 필요한 정보를 시각적으로 보여주는 모든 자료나 전략들이 포함됩니다. 예를 들어, 서랍 안에 들어 있는 내용물을 구별하도록 돕기 위한 그림(사진) 라벨지나 숙제를 시작해야 하는 위치를 표시하는 포스트잇부터 시작해서 특정 과제를 수행하는 과정을 스스로 점검하는 데 도움을 주는 차트(점검표) 등 매우 다양한 시각적인 자료들이 있습니다. Ⅱ파트, Ⅲ파트의 각 장에서는 이러한 시각적 지원의 실제적인 예를 〈표〉나 〈그림〉으로 제시하고 있으므로, 적절하게 참고할 수 있습니다.

시각적 지원은 일과 중에서 학생들이 과제에 집중하도록 도움을 줄 수 있으며, 학습 과정의 흐름을 알도록 도움을 주어 학습을 능률을 높일 뿐 아니라, 다가오는 미래에 있을 일에 대한 예측 가능성을 높여 다양한 도전적 행동(문제행동)의 발생을 예방하는 데에도 많은 도움을 줄 수 있습니다. 선생님이나 부모님은 아주 시각적인 방법(예: 그림이나 사진으로 활동 주제를 제시함)으로 학급의 각 영역이나 가정에서의 특정 공간에서 매일 또는 주별로 학습 주제를 제시할 수 있습니다. 또 이들에게 프린트된 시각적인 스케줄을 제공할 수 있습니다. 시각적인 스케줄은 나중에 이야기할 구조화된 교수 중 하나인 티치(TEACCH) 프로그램에서도 핵심적인 개념 중 하나로, 자폐 스펙트럼에 있는 사람을 교육하고, 양육할 때 꼭 필요한 전략이라고 볼 수 있습니다.

시각적 스케줄은 매일 일과 단위로 제공할 수 있습니다. 예를 들어, 1교시, 2교시 등 일과 단위별로 어떠한 학습활동이나 학교생활이 이루어지는

지 시각적으로 제시하는 것입니다. 또 필요하다면 각 활동 시간, 다시 말해 일과 단위 안에서 이루어지는 하위 활동들도 순서별로 시각적으로 제시할 수 있습니다. 예를 들어, 1교시 국어 시간에 이루어지는 여러 활동을 그림이나 사진 등의 시각적인 방법을 활용해서 시간 순서대로 제시합니다.

그래픽 조직자의 예

발달장애 학생을 위한 특수교육 중재 제2판(변관석, 2020)

이외에도 위의 그림처럼, 줄글이나 개요의 대안으로 그래픽 조직자를 사용할 수 있습니다. 그래픽 조직자는 학습 내용의 요약, 정리된 내용을 시각적으로 도표화해서 한눈에 알아볼 수 있도록 제시하는 것을 말합니다. 처음 학습활동을 시작할 때 사전 조직자의 성격으로, 교육내용을 시각적으로 구조화하여 요약한 그래픽 조직자를 제시하고, 학습이 끝나갈 시점에 한 번 더 내용의 상기를 목적으로 그래픽 조직자를 활용한다면, 학습 효과를 좀 더 높일 수 있다고 알려져 있습니다.

5. 강화(reinforcement): 보상

행동주의에서 강화는 어떠한 미래 행동을 증가시키는 과정을 의미합니다. 그리고 강화제(reinforcer)는 이러한 강화를 이끄는 자극을 말합니다. 예를 들어, 방 청소를 한 아이를 칭찬해주었을 때, 그 칭찬을 받고자 하는 마음으로 다음에도 방 청소를 열심히 했다고 생각해보겠습니다. 이러한 과정은 강화, 그중에서도 정적 강화(positive reinforcement)*가 이루어지는 모습을 나타내고 있습니다. 그리고 칭찬은 하나의 사회적인 강화제 역할을 하고 있다고 말할 수 있습니다. 여기서 중요한 지점은 칭찬을 통해서 목표 행동인 방 청소가 증가(혹은 최소한 기존 수준으로 유지)했을 때를 강화라고 일컬을 수 있다는 것입니다. 그렇지 않았다면 이는 강화라고 볼 수 없습니다.

---

* - 정적 강화(positive reinforcement): 어떠한 행동 뒤에 선호하는 자극을 제공함으로써, 미래에 그 행동이 강화(증가)되는 것을 말합니다. 예를 들어, 자녀가 방 청소를 했을 때 부모님이 보상으로 놀이 시간을 추가해주었고, 이후에도 놀이 시간을 더 받기 위해 방 청소를 꾸준히 하게 되었으면 이를 정적 강화라고 부를 수 있습니다.

- 부적 강화(negative reinforcement): 어떠한 행동 뒤에 비선호하는(싫어하는) 자극을 제거해서 미래에 그 행동이 강화(증가)되는 것을 말합니다. 예를 들어, 자녀가 방 청소를 했을 때 부모님이 보상으로 평소에 좋아하지 않았던 설거지를 면제해주었고, 이후에도 설거지를 면제받기 위해 방 청소를 꾸준히 하게 되었다면 이를 부적 강화라고 부를 수 있습니다. 부적 강화는 어쨌든 행동의 증가를 목적으로 한다는 점에서 어떠한 행동을 감소시키는 데 활용되는 벌(punishment를 번역한 것으로 '약화'라고 부르기도 함)과는 개념적으로 구분됩니다.

강화를 학문적으로 말하지 않고, 그냥 이해하기 쉽게 일상 언어로 말한다면, 어떠한 목표 행동을 수행한 사람에게 보상을 제공하는 것을 말합니다. 이 보상을 학문적인 용어로 '강화제'라고 부릅니다. 강화는 한 사람의 성장을 유지하도록 지원할 수 있습니다. 또 이전보다 더 나은 방식 혹은 최소한 이전과 같은 방식으로 행동하도록 도울 수 있습니다. 다만 자폐 스펙트럼에 있는 사람들은 종종 일반적으로 사용되는 보상에는 반응하지 않을 수 있으므로, 각 개인에 적합한 강화제를 미리 최대한 많이 찾는 과정이 필요합니다.

부모님이나 선생님은 자폐 스펙트럼에 있는 청소년들이 보인 바람직한 행동에 대해서는 먼저 구체적으로 칭찬을 해주어야 합니다. 무엇을 잘해서 칭찬받는지 명확하게 알 수 있도록 구체적인 언어적 피드백을 담아야 한다는 말입니다. 적어도 그 목표 행동을 가르치는 초기에는 그렇습니다. 그리고 숙제 면제나 컴퓨터 시간 주기 등과 같이 각 학생에게 가치 있을 만한 다른 강화제를 항상 고민해야 합니다.

교육 현장에서 강화제를 사용하는 데 거부감을 가지는 분들은 강화제가 '뇌물'과 다를 바가 없다고 말합니다. 하지만 '뇌물'은 약속된 행동의 수행 여부와는 관계없이 좋아하는 물건이나 활동이 주어졌을 때 사용될 수 있는 말입니다. 강화제는 어떠한 행동의 결과로써 주어지는 것으로, 그 행동을 '강화하는' 수단이 되는 것입니다. 다시 말해서, 강화제는 '뇌물'이라고 볼 수 없습니다. 기본적으로 미리 약속된 행동에 관한 결과로써 주어지는 것으로 적절한 '보상'이라고 보는 게 합당합니다. 쉽게 말해, "이걸 줄 테니 앞으로는 좀 내 말 좀 잘 들어줘."라면 '뇌물'이 될 수 있지만, "네가 약속된 이

행동을 보여주었으니, 보상으로 이걸 줄게."라면 합당한 '대가'를 지급한 것이 될 수 있다는 말입니다.

그럼에도 교육하는 과정에서 아동과 청소년에게 '대가'나 '보상'이 필요하냐고 묻는 분들도 있을 수 있습니다. 저는 이렇게 생각합니다. 아동이나 청소년도 성인과 크게 다르지 않다고 말입니다. 부모님이나 선생님 등 성인은 일에 대한 적절한 보상을 받았을 때 그 일을 더 잘할 수 있습니다. 아동과 청소년도 그 점에서는 마찬가지입니다. 아동이나 청소년이라고 해서 보상 없이도 내적인 동기 형성만 요구해서는 오히려 곤란할 수 있습니다. 다만 이 보상이 꼭 물질적인 보상만을 의미하는 것은 아닙니다. 적절한 강화제와 함께 진심을 담은 구체적인 칭찬과 격려를 해준다면, 시간이 지나 그 칭찬과 격려만으로도 충분한 보상이 될 수 있습니다. 이를 학문적으로는 '조건화'되었다고 말하기도 합니다.

한편, 강화제(보상)는 처음에는 약속된 행동을 수행할 때마다 즉각적으로 제공해야 합니다. 그래야 발달적, 인지적 수준이 다소 부족하더라도 그 행동에 대한 대가로 보상받았다는 것을 느낄 수 있습니다. 이를 학문적으로는 연속강화 계획이라고 말합니다. 그리고 차츰 약속된 행동의 수행에 어느 정도 익숙해졌다고 판단되면, 계획적으로 몇 번에 한 번(빈도) 혹은 얼마 동안 지속했을 때 한 번과 같은 식으로 강화제를 제공하는 빈도나 간격을 늘릴 수 있습니다. 이를 학문적으로는 간헐강화 계획이라고 말합니다.

처음에는 즉각적으로 주는 강화제는 이후 차츰 시간을 두고 천천히 제공하게 됩니다. 이때 활용할 수 있는 방법 중에는 '토큰 강화'가 있습니다. 토큰 강화는 약속된 행동을 수행할 때마다 강화제 대신 토큰이라고 불리는 대체물(조건 강화제)을 제공하고, 미리 정해둔 교환 비율에 맞게 토큰을 모았을 때, 진짜 강화제를 제공하는 방법입니다.

〈그림〉 토큰강화판의 예 1(인지적, 발달적 수준이 다소 부족할 때 활용 가능)

목표 행동	1. 약속한 과제물 완성하기 2. 발표하기		보상 (별표 다섯 개를 모았을 때)	
1	2	3	4	5

토큰 강화를 적용할 때, 특히 인지적, 발달적 수준이 다소 부족한 자폐 스펙트럼 청소년이라면 처음에는 토큰과 강화제의 교환 비율을 1:1부터 시작할 필요도 있습니다. 다시 말해, 약속된 목표 행동을 수행하면 토큰을 제공하고, 토큰을 제공함과 동시에 강화제를 제공하는 식입니다. 이러한 절차를 통해 '토큰=강화제'라는 등식을 머릿속에 넣을 수 있도록 합니다. 그리고 점차 교환 비율을 2:1, 3:1과 같이 늘려갈 수 있습니다. 〈그림〉의 예 1에서는 토큰 다섯 개를 모으면 약속된 보상인 VR 게임 시간을 허용하고 있습니다.

만약 자폐 스펙트럼 청소년의 인지적, 발달적 수준이 비교적 높은 경우라면(지적 장애를 동반하고 있지 않거나, 동반하고 있더라도 인지적 어려움이 크지 않은 때), 다음의 〈표〉 예시에서처럼 목표 행동의 개수를 늘리고, 보상의 종류도 모은 토큰의 수에 따라 다양하게 할 수도 있습니다. 다만 이때도 처음에는 토큰과 강화제의 교환 비율을 최대한 작게 설정해서 실제 보상을 받는 경험을 자주 가질 수 있도록 하는 것이 장기적으로 토큰 강화를 무리 없이 이끌어가는 데 있어 중요합니다.

〈표〉 토큰 강화판의 예 2(글을 이해할 수 있는 경우)

〈○○○의 약속(행동계약서)〉

1. 나는 다음과 같은 잘한 일에 대해서는 칭찬과 함께 토큰(자석)을 받습니다.
  ① 공부시간에 주어진 과제를 모두 수행합니다. +1개
  ② 하루에 30분 이상 운동을 합니다. +1개
  ③ 3일에 한 번 방을 스스로 깨끗하게 청소합니다. +2개
  ④ 동생이나 부모님을 도와줍니다. +2개

2. 토큰이 모이면, 나는 다음과 같은 것들을 할 수 있습니다.
  ① 스티커 5개: 컴퓨터 1시간 사용하기, 놀이터에서 아빠(엄마)와 놀기
  ② 스티커 8개: 좋아하는 간식 먹기(과자 등)
  ③ 스티커 12개: 가족 외식하기(좋아하는 것으로)
  ④ 스티커 15개: 작은 장난감 사기

토큰 모음 판*

①	②	③	④	⑤
⑩	⑨	⑧	⑦	⑥
⑪	⑫	⑬	⑭	⑮

출처: 발달장애 청소년 자립생활 체계적으로 지원하기(변관석, 2021)

* 붙이기 쉽도록 자석이나 부직포를 이용하여 토큰을 제작할 수 있습니다.

제4장

도전적 행동과
위기 행동은
이렇게 대처합니다

1. ABA(응용행동분석)와 긍정적 행동지원에 기초한 행동중재계획 세우기

최근에는 문제행동(problematic behavior)을 도전적 행동(challenging behavior)이라고 바꾸어서 부르는 경우가 많습니다. 아무래도 문제행동이라는 용어가 가지고 있는 부정적인 느낌을 조금이나마 줄여보려는 시도인 것 같습니다. 그런데 도전적 행동이라는 용어도 '상대방에게 도전하는 행동'이라는 식으로 이해한다면 자칫 오해를 불러일으킬 수 있다고 생각합니다. 도전적 행동은 '교사나 부모님을 포함한 사람들이 적절하게 중재하고 지원하기에 도전을 느끼는(어려움을 느끼는) 행동'이라는 의미로 이해해야 더 적절합니다. 그래서 번역에 따라서는 도전적 행동을 '어려운 행동'이라고 부르기도 합니다.

특수교육에서 도전적 행동에 대한 중재는 보통 ABA(응용행동분석)에 기초한 긍정적 행동지원을 바탕으로 이루어집니다. 개별 차원의 긍정적 행동지원의 절차를 간략하게 살펴보면, 먼저 도전적 행동 1~2가지 정도를 표적행동으로 선정하고, 관찰 및 객관적인 측정이 가능하도록 명확하게 정의합니다. 여러 종류의 도전적 행동을 복합적으로 보인다면 중재하고 지원할 표적 행동의 우선순위를 정해야 합니다. 폭력행동이나 자해행동과 같이 자신이나 타인에게 위험한 파괴적 행동을 1순위로, 교육 활동을 계속해서 방해하는 등의 방해 행동을 2순위로, 그보다는 덜 심각하나 대상자의 사회적 수용에 어느 정도 부정적인 영향을 미치는 다소 경미한 수준의 방해 행동(분산행동)을 3순위로 결정해볼 수 있습니다.

명확한 정의가 이루어진 뒤에는 기능평가 과정을 통해서 도전적 행동의 기능(원인)을 파악합니다. 도전적 행동의 주요한 기능은 기본적으로 다음과 같습니다.

① 다른 사람으로부터 관심을 얻고자 도전적 행동을 보이는 경우

② 물건, 활동 등 좋아하는 것(강화제)을 얻고자 도전적 행동을 보이는 경우

③ 선호하지 않는 과제나 상호작용을 피하고자 도전적 행동을 보이는 경우

④ 감각자극을 얻거나 일종의 놀이로서 도전적 행동을 보이는 경우

⑤ 선호하지 않는 감각자극을 피하고자 도전적 행동을 보이는 경우

⑥ 기타 의학적인 요인

기능평가는 크게 세 가지 방법이 있습니다. 먼저 구조화된 설문지나 체크리스트를 활용한 간접적 방법이 있습니다. 다음으로 도전적 행동의 '선행사건(A)-행동(B)-후속결과(C)'를 짧게는 며칠에서 길게는 1주일까지 직접 관찰하고 기록 및 평가하는 산포도, ABC 기록 등의 서술적 방법이 있습니다. 마지막으로 도전적 행동이 일어날 수 있는 다양한 기능별 상황을 의도적으

로 짧게 조성하여, 어떤 상황에서 도전적 행동이 발생하는지 실제로 확인하는 기능분석 방법이 있습니다. 다만 마지막 방법인 기능분석 방법의 경우에는 실제로 도전적 행동이 발생하도록 상황을 유도한다는 측면에서 학교나 가정에서 적용하기에는 어려움이 있을 수 있습니다. 이 때문에 기능분석 방법은 행동분석 전문가의 조력이 필요하기도 합니다. 그러므로 여기서는 기능분석에 대한 설명은 생략하고, 간접적 기능평가와 서술적 기능평가 방법에 대해서만 살펴보겠습니다.

먼저 간접적 기능평가 도구로는 동기사정척도(MAS)나 행동기능설문지(QABF)와 같은 체크리스트를 주로 사용합니다. 이 도구들은 구글 검색을 통해서 비교적 쉽게 내려받을 수 있습니다. 간접적 기능평가 도구 중에서는 행동기능설문지(QABF)가 주로 사용됩니다. 이외에도 국내에서 개발한 행동체크리스트도 활용할 수 있습니다.

블로그 참고 자료

발달장애인의 도전적 행동(문제행동) 중재 매뉴얼 feat. 국립특수교육원 국가장애인평생교육진흥센터

blog.naver.com/bjs718/222800216972

〈그림〉 행동기능설문지(QABF)

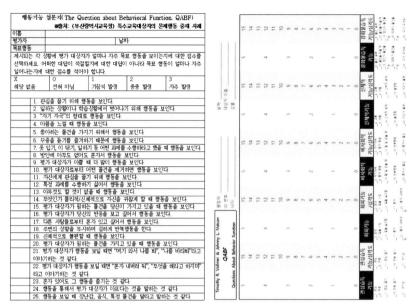

앞장(문항)　　　　　　　　　　　뒷장(기능 및 심각도 확인)

　　서술적 기능평가 도구로는 산포도(산점도)와 ABC 서술기록을 주로 사용합니다. 먼저 산포도는 시간대별로 표적으로 삼은 도전적 행동이 발생할 때마다 기록하는 방식으로 도전적 행동의 발생 경향을 확인합니다. 산포도는 도전적 행동의 기능을 바로 파악하기보다는, 도전적 행동이 주로 일어나는 시간대를 파악하여 경향성을 확인하는 과정에서 주로 사용할 수 있습니다.

　　다음의 〈표〉에서 예로 든 산포도를 보면, 주로 오후 시간에 도전적 행동이 발생하고 있음을 확인할 수 있습니다. 만약 오후 시간에 오전 시간과는 다른 특별한 요인(예: 오후 시간에 수업하는 선생님이 오전 시간과 다름)이 있다면 그 요인을 원인으로 추론해볼 수도 있습니다. 또 이 자료를 바탕으로 다시 오후 시간에만 집중적으로 대상 청소년의 행동을 관찰하면서 ABC 서술기록을 해보고, 기능을 좀 더 명확하게 특정할 수 있습니다.

〈표〉 산포도(산점도)의 예(표적으로 삼은 도전적 행동이 발생할 때만 기록함)

표적행동	다른 사람을 손이나 발로 때리려고 하는 행동				
시간	월	화	수	목	금
등교 버스 안(7:50~8:40)					
등교 시간(8:40~9:10)					
1교시(9:10~9:50)					
쉬는 시간(9:50~10:00)					
2교시(10:00~10:40)					○
쉬는 시간(10:40~10:50)					
3교시(10:50~11:30)					
쉬는 시간(11:30~11:40)					
4교시(11:40~12:20)		○			
점심시간–식당(12:20~12:50)					
점심시간–교실(12:50~13:20)		○		○	
5교시(13:20~14:00)	○			○	○
쉬는 시간(14:00~14:10)		○			○
6교시(14:10~14:50)	○		○	○	
하교 시간(14:50~15:00)		○		○	○
하교 버스 안(15:00~15:50)	○	○	○	○	○

참고로 예로 든 산포도에서의 학생은 별다른 기능을 특정할 수 없었는데, 가정과 상담해보니 병원에서 처방받은 행동 중재 약물을 부모님이 임의 판단해서 아침에 줄여서 주고 있었던 사실을 알게 되었습니다. 처방받은 적정량의 약물을 복용하면서 차츰 오후 시간에 발생했던 도전적 행동이 줄어드는 모습을 확인할 수 있었습니다.

ABC 서술기록은 표적으로 삼은 도전적 행동이 발생할 때마다 일시와 장소(필요할 경우 해당 시간 선생님을 포함하여 주로 상호작용하는 사람을 포함)를 적고, 더불어서 도전적 행동이 발생하기 직전 상황(선행사건), 도전적 행동, 도전적 행동이 발생한 이후에 이루어진 상황(후속결과)을 기록합니다. 줄글로 비교적 자세하게 적을 수도 있고, 여러 가지 상황을 코드로 만들어서 간단하게 체크할 수 있게끔 만들 수도 있습니다. 나중에 기록한 내용을 바탕으로 예상되는 도전적 행동의 기능을 적어볼 수 있습니다.

〈표〉 ABC 서술 기록지의 예

	일시	장소	선행사건(A)	행동(B)	후속결과(C)	예상 기능
1	9/10 9:20	교실	교사가 개별 과제를 제시함.	과제를 교사와 학생에게 집어 던짐.	과제가 철회되었으며, 혼자 시간을 보냄.	과제 회피
2	9/10 10:50	제빵실	제빵 재료를 먹으려고 해서, 이를 막음.	주먹으로 교사의 머리를 세게 때림.	교사가 막는 사이 제빵 재료를 입에 넣음.	강화제 획득
3	9/10 11:40	교실	수업이 시작되어 태블릿을 수거함.	큰 소리로 울며, 자기 머리를 침.	학생 행동을 계획적으로 무시하였으나, 쉬는 시간까지 행동이 계속됨.	강화제 획득
4						

간접적 기능평가, 산포도 또는 ABC 서술기록 등의 기술적 기능평가 또는 기능분석을 통해서 도전적 행동을 보이는 이유가 어느 정도 확인되면, 이를 바탕으로 가설을 설정하고 중재 전략을 세우게 됩니다. 중재 전략은 대상 학생의 바람직한 행동을 늘리고, 부적절한 행동은 감소시키는 것을 주된 목표로 하여 세우게 됩니다. 흔히 ① 배경사건(도전적 행동의 직접적인 선행사건은 아니지만, 이 행동이 발생하는데 동기를 주었을 것으로 판단되는 사건이나 상황)이나 직접적인 선행사건을 수정하는 전략과 ② 도전적 행동을 대체할 수 있는 바람직한 행동, 인내 기술, 일반적인 적응 기술 등을 가르치는 전략, 그리고 ③ 도전적 행동이 발생한 이후에 이루어지는 후속결과 중심의 전략이 포함됩니다. 중재 전략에 대해서는 조금 뒤에 각 기능별로 설명하고 있습니다.

중재 전략이 결정된 이후에는 이를 바탕으로 행동중재계획(behavior intervention plan)을 세웁니다. 이후로는 계획을 실행에 옮기면서, 지속해서 표적행동의 발생 정도를 관찰하고 기록하면서, 중재의 효과성과 계획의 적절성을 확인해나갑니다. 표적행동의 발생 정도를 측정할 때는 보통 정해진 시간 내에 몇 번 행동이 발생하는지를 빈도(비율)로 기록합니다. 다만 때에 따라서는 얼마나 긴 간격에 걸쳐 그 행동이 지속하는지를 확인하기 위해서 지속시간을 측정할 수도 있습니다. 또 이외에도 반응시간(반응 지연시간, 반응 간 시간), 행동의 물리적인 형태, 행동의 크기(강도) 등을 필요에 따라 활용할 수도 있겠습니다. 더불어, 이러한 매일의 기록은 선 그래프 등을 이용해서 시각적으로 표현하도록 합니다.

〈표〉 행동중재계획 양식의 예(간편 양식)

긍정적 행동지원을 위한 행동중재계획

		문제행동1	문제행동2
학생 이름(학반)			
담당교사(담임교사)			
복용 중인 약물			
선호하는 강화제			
표적행동	1.		
	2.		
기록방법			
예상되는 행동 기능	1		
	2		
	3		
중재 방법	배경사건 및 선행 사건 중심의 전략		
	대체행동, 적응기술, 인내기술 등을 가르치는 전략		
	후속결과 중심의 전략		

위기 행동 발생 시 대처 방안(위기관리계획)

㉠

㉡

보호자	담임교사	부장교사	컨설턴트	교 감(전결)
(인)	(인)	(인)	(인)	(인)

이처럼 일정 기간 중재를 일관되게 제공하고, 이를 계속해서 측정하면서 시각적으로 나타내봅니다. 만약 선 그래프에서 적절한 수준의 효과(예: 뚜렷한 도전적 행동의 감소)가 나타나지 않는다면, 다른 중재 전략을 활용하거나, 기능 평가 자체를 다시 해보는 등의 방법으로 중재 계획을 수정 및 보완해야 할 필요가 있습니다. 여기서 일정 기간을 얼마나 둘지는 상황이나 학생 특성 등에 따라 달라질 수 있지만, 어떠한 고착된 행동이 개선되고 바람직한 행동이 습관으로 형성되는데 평균적으로 66일이 소요된다는 국외 연구가 있으므로, 적어도 2개월 이상은 꾸준하게 계획에 따른 중재를 실행하는 게 필요하다고 저 개인적으로는 생각합니다.

긍정적 행동지원 패러다임에 기초한 행동중재 절차에 대해서 자세한 설명이 필요하다면 블로그 〈석이 선생님의 특수교육 이야기〉나 다른 좋은 서적들을 참고하시면 감사하겠습니다. 저자가 운영하는 블로그에는 중재 절차나 전략에 대한 설명, 서식과 함께, 무료로 내려받을 수 있는 도전적 행동(문제행동)과 관련된 관련 공공기관의 중재 및 지원 매뉴얼 링크도 올라와 있어 공부하시는 데 도움이 될 것입니다.

이 책에서는 도전적 행동의 주요한 기능(원인)별로 적용해볼 수 있는 중재 전략을 요약 제시하는 선에서 글을 마무리하도록 하겠습니다. 지금부터 시작되는 중재 전략 관련 내용을 보기 전에 명심해야 할 점이 있다면, 편의상 도전적 행동의 기능별로 중재 전략을 구분하여 제시하고 있지만, 실제로는 여러 가지 기능이 복합적으로 작용하거나, 상황이나 때마다 다른 원인(기능)으로 인해 도전적 행동이 나타나는 경우도 적지 않다는 점입니다. 도전적 행동의 기능이 복합적으로 나타나면 행동 개선에 더욱 어려움이 있을 수 있습니다. 이때는 여러 기능별 중재 전략을 포괄하는 계획을 세우거나, 행동분석 전문가의 도움을 얻어 가장 먼저 접근해야 할 기능부터 차례대로 중재를 실행해볼 수 있습니다.

가. 다른 사람으로부터 관심을 얻고자 도전적 행동을 보이는 경우

〈표〉 관심 얻기 기능에서의 도전적 행동 발생 패턴 예시

	배경사건(S) →	선행사건(A) →	행동(B) →	후속결과(C)
예 1	일과 중 교사의 관심이 부족한 상황이 계속됨.	수업 시간에 교사가 다른 학생의 과제를 도와줌.	책상에 있는 과제를 던지는 행동을 보임.	교사가 행동을 제지하면서 관심을 줌. 학생이 좋아하는 표정을 지음.
예 2	집에서 부모님의 관심이 부족한 상황이 계속됨.	아버지가 TV로 뉴스를 집중해서 보고 있음.	TV에 장난감을 던지는 행동을 보임.	아버지가 행동을 제지하면서 관심을 줌. 아이가 웃는 표정을 지음.

사실 장애의 유무를 떠나 도전적 행동 중에서 꽤 많은 케이스가 직접적 혹은 간접적으로 관심을 얻으려는 하는 이유로 발생한다고 합니다. 따라서 부모님이나 선생님이 자폐 스펙트럼에 있는 청소년에게 꾸준하고 충분하게 긍정적인 피드백을 주는 것만으로도 도전적 행동이 꽤 많이 줄어들 수 있습니다. 물론 꾸준한 관심을 주는 일이 말처럼 쉬운 일이 결코 아님은 저도 잘 알고 있습니다. 그렇지만 조금이라도 더 자주, 긍정적인 관심과 피드백을 해줄 수 있도록 다방면으로 노력하는 것이 중요하다고 생각합니다. 다른 사람의 관심을 얻고자 도전적 행동을 보이는 때는 보통 다음과 같은 전략을 활용하여 중재해볼 수 있습니다.

<표> 관심 얻기가 기능일 때의 중재 전략

	중재 전략
배경사건 및 선행사건 중심의 전략	1. 조금이라도 잘하고 있는 행동을 꾸준히 포착해서 교육 활동 시작 전, 활동 중, 후에 주기적, 반복적으로 긍정적 피드백 등의 관심 제공하기(자주 칭찬해줄 수 있는 비교적 쉽고 잘 포착되는 행동 목표를 학급이나 개인별 행동 목표에 포함하는 것을 추천함) 2. 성인이나 또래와 함께 활동하는 기회 자주 제공하기 3. 본인의 희망에 따라 자석 배치 조정하기
새로운 기술 교육 중심의 전략	1. 관심을 요구할 때의 적절한 대체 의사소통 가르치기(대체 의사소통은 인지, 언어능력 등을 고려하여 최대한 쉽게 설정함) 2. 혼자서도 어느 정도 시간을 보낼 수 있도록 여가 기술이나 놀이 기술 꾸준히 가르치기 3. 자신의 행동을 점검하고 평가하는 방법 가르치기(II파트 참고)
후속결과 중심의 전략	1. 위험한 행동이 아니라면, 도전적 행동에 최대한 관심을 주지 않기 2. 도전적 행동이 아닌 다른 행동에 정기적으로 긍정적 피드백 주기(도전적 행동이 일어나는 간격보다 더 먼저, 자주 제공해야 하며, 예를 들어, 6~8분에 한 번씩 도전적 행동을 보인다면, 4~5분 간격으로 긍정적 피드백과 관심을 제공할 수 있음) 3. 도전적 행동을 대체하는 의사소통 행동에 충분한 관심 제공하기 4. 혼자서 여가 활동이나 놀이 활동을 수행할 때, 긍정적인 피드백(칭찬)과 필요할 경우 강화제 제공하기

나. 물건, 활동 등 좋아하는 것(강화제)을 얻고자 도전적 행동을 보이는 경우

<표> 강화제 획득 기능에서의 도전적 행동 발생 패턴 예

배경사건(S) →	선행사건(A) →	행동(B) →	후속결과(C)
가정에서 신체 활동 기회가 제한되어 옴.	쉬는 시간에 신체 활동을 하다가 수업이 시작되어 활동을 종료하게 됨.	자기 머리를 주먹으로 세게 때리다가 교실을 이탈함.	혼자서 트램펄린을 타면서 신체 활동을 즐김.

이러한 기능으로 도전적 행동을 보이는 때는 보통 다음과 같은 전략을 활용하여 중재해볼 수 있습니다.

〈표〉 강화제 획득이 기능일 때의 중재 전략

	중재 전략
배경사건 및 선행사건 중심의 전략	1. 교육 활동 시작 전에 미리 선호하는 물건, 활동을 충분히 즐길 수 있도록 계획하고 실행하기 2. 교육 활동 사이에 좋아하는 물건이나 활동을 잠깐씩 포함하여 제공하기(도전적 행동 발생 간격을 고려하여 이전에 제공) 3. 최대한 예측 가능한 일과를 운영하되, 일과의 변경이 불가피할 때는 미리 그림, 동영상 등 시각적인 방법으로 충분히 안내하기
새로운 기술 교육 중심의 전략	1. 물건이나 활동을 얻고자 할 때의 적절한 대체 의사소통 가르치기 2. 지시 따르기 훈련하기(예: 발달적, 인지적 수준을 고려했을 때, 비교적 쉬운 과제 지시 → 올바른 반응을 보일 때는 칭찬과 강화제 제공, 반대로 틀렸을 시에는 언어, 시범, 신체적인 도움의 순서로 지원 제공하여 올바르게 수행하도록 함 → 도움을 받아 수행하면 약간의 칭찬만 해줌) 3. 점진적으로 강화제가 제공되기까지의 시간 간격을 조금씩 늘려 인내하는 시간을 늘릴 수 있도록 하기 4. 자신의 행동을 점검하고 평가하는 방법 가르치기(II 파트 참고)
후속결과 중심의 전략	1. 도전적 행동을 보였을 때 해당 물건, 활동은 제공하지 않기 2. 도전적 행동이 아닌 행동에 대해서 정기적으로 강화제 제공하기(도전적 행동이 일어나는 간격보다 더 먼저 제공해야 함) 3. 대체 의사소통 행동에 충분한 강화제 제공하기

다. 비선호하는 과제나 상호작용을 피하고자 도전적 행동을 보이는 경우

〈표〉 도피 기능에서의 도전적 행동 발생 패턴 예

배경사건(S) →	선행사건(A) →	행동(B) →	후속결과(C)
학교에서 빡빡한 일과로 인해 스트레스를 받음.	아버지가 책 읽기 과제를 하도록 지시함.	책을 찢으면서, 방에 들어가 버림.	아버지에게 혼났지만, 대신 책 읽기는 하지 않게 됨.

이러한 기능으로 도전적 행동을 보이는 때는 보통 다음과 같은 전략을 활용하여 중재해볼 수 있습니다.

<표> 도피 기능일 때의 중재 전략

	중재 전략
배경사건 및 선행사건 중심의 전략	1. 교육 활동 시에는 되도록 쉽고 재미있어하는 과제부터 제시하고, 조금씩 어려운 과제를 추가하여 제시하기 2. 과제 순서, 자료 형태, 시기 등에 대한 선택 기회 적절히 제공하기(해야 하는 과제를 아예 하지 않는 등의 과도한 선택 기회 제공은 적절하지 않을 수 있음) 3. 최대한 예측 가능한 일과를 운영하되, 일과의 변경이 불가피한 때는 미리 글, 그림, 동영상 등 시각적으로 충분히 안내하기 4. 교육 활동 중간마다 휴식 시간 갖도록 하기 5. 필요하다면 별도 공간이나 커튼, 파티션으로 개인 공간 제공하기
새로운 기술 교육 중심의 전략	1. 도피하고자 할 때의 적절한 대체 의사소통 가르치기(처음에는 대체 의사소통을 할 시 과제나 활동을 바로 없애줌. 이후에는 점진적으로 과제를 수행하는 시간을 조금씩 늘려갈 수 있음) 2. 지시 따르기 훈련하기(강화제 획득 '표' 참조) 3. 선택하기 기술 등 자기결정 기술 가르치기(II 파트 참고)
후속결과 중심의 전략	1. 도전적 행동을 보였을 때, 조금이라도 과제를 더 하도록 하기(조금씩 과제 수행 시간을 늘려감) 2. 도전적 행동이 아닌 행동에 대해서 계획적인 시간 간격으로 칭찬과 보상(예: 휴식 시간 등) 충분하게 제공하기 3. 대체 의사소통을 보였을 때 과제를 철회하다가 점진적으로 과제의 양을 늘리기(과제 수행 시 칭찬과 함께 충분한 강화제를 제공할 수 있음)

라. 감각자극을 얻거나 일종의 놀이로서 도전적 행동을 보이는 경우

<표> 감각자극 획득 기능에서의 도전적 행동 발생 패턴 예

배경사건(S) →	선행사건(A) →	행동(B) →	후속결과(C)
충분한 감각자극이 제시되지 않아 무료함을 느낌.	별다른 선행사건 없음.	자기 머리를 반복해서 때림.	머리를 때리면서 즐거움을 느낌.

이러한 기능으로 도전적 행동을 보이는 때는 보통 다음과 같은 전략을 활용하여 중재해볼 수 있습니다. 제 경험을 예로 들면, 학급의 다른 친구들에게 스트레스를 줄 만큼 반복적으로 "음~"소리를 내는 음성 상동 행동을 보이는 학생에게 일정 시간 간격으로 헤드셋을 통해 좋아하는 음악을 들려주어 음성 상동 행동을 보이는 시간이 꽤 줄어드는 모습을 확인하기도 했습니다(관련 연구 문헌을 참고함). 이 학생은 어떠한 청각적인 자극을 얻고자 '음~' 소리를 반복한 케이스였습니다.

〈표〉 감각 자극 획득 기능일 때의 중재 전략

	중재 전략
배경사건 및 선행사건 중심의 전략	1. 트램펄린, 그네, 감각적 놀잇감(예: 팝잇, 스피너, 청각적 자극을 선호하는 경우 좋아하는 음악 연주나 해당 자극과 유사한 소리) 등 선호하는 감각자극을 조사하여 사전에 충분하게 사용하도록 하기 2. 흥미로운 자극이 포함되도록 교육 활동 및 환경 구성하기 3. 교육 활동 중간마다 좋아하는 감각자극 놀이 활동을 삽입하여, 잠깐잠깐 해보는 기회 제공하기 4. 감각자극을 교육 활동, 교육 자료 등에 활용하여 학습 동기 유발하기(예: 종이 찢는 것을 좋아하면, 직업교육 시간에 파쇄 업무와 연결 지어 가르칠 수 있음)
새로운 기술 교육 중심의 전략	1. 의사소통 능력을 고려하여, 적절한 감각자극을 얻고자 할 때 필요한 대체 의사소통 가르치기 2. 감각자극 제공 시간을 조금씩 지연하여 인내심 키우기 3. 안전한 감각자극을 활용하여 스스로 놀 수 있도록 여가 및 놀이 기술 가르치기 4. 자신의 행동을 점검하고 평가하는 방법 가르치기(II 파트 참고)
후속결과 중심의 전략	1. 도전적 행동으로 감각자극을 얻을 수 없도록 조치하기(예: 장갑, 헬멧 이용 또는 물리적으로 반응을 차단함) 2. 도전적 행동이 아닌 행동이나 대체 의사소통에 적절한 감각적 강화제 제공하기 3. 도전적 행동을 물리적으로 보일 수 없는 상반된 행동에 정기적으로 강화제 제공하기(예: 손을 사용하여 도전적 행동을 보이는 경우 그림 그리기, 놀잇감 만지기 등 손을 사용하는 다른 활동을 보일 시 계획된 시간 간격에 따라 칭찬과 함께 강화제 제공 가능)

마. 비선호 감각자극을 피하고자 도전적 행동을 보이는 경우

〈표〉 감각자극 도피 기능에서의 도전적 행동 발생 패턴 예

배경사건(S) →	선행사건(A) →	행동(B) →	후속결과(C)
본인이 느끼기에 시끄러운 소리에 자주 노출됨.	교실이 다소 시끄러움.	자기 귀를 막으면서 교실을 이탈함.	화장실에 가서 혼자만의 시간을 보내며, 안정을 취함.

　이러한 기능으로 도전적 행동을 보이는 때는 보통 다음과 같은 전략을 활용하여 중재해볼 수 있습니다.

〈표〉 감각자극 도피 기능일 때의 중재 전략

	중재 전략
배경사건 및 선행사건 중심의 전략	1. 선호하지 않는 감각자극이 있는지 미리 점검하고, 제거하기 2. 억지로 감각자극에 익숙해지도록 요구하지 않기 3. 선호하지 않는 감각자극에 노출되는 시간을 감내할 수 있는 수준으로 줄이기
새로운 기술 교육 중심의 전략	1. 비선호 감각자극을 피하기 위한 행동(예: 차폐 헤드셋 사용, 안대 착용, 심리안정실 이용 등) 가르치기 2. 비선호 감각자극을 피하기 위한 대체 의사소통 가르치기(대체 의사소통 보일 시 감각자극에 대한 도피 장소 이동) 3. 해당 감각자극에 어느 정도 익숙해지는 것이 본인의 삶에 꼭 필요하다면, 조심스럽게 조금씩 해당 자극에 익숙해지도록 접근하고, 이에 따른 충분한 칭찬과 강화제 제공하기 4. 시각적인 방법으로 접하게 될 상황이나 자극에 대해서 미리 충분하게 안내하기(예: 소음으로 버스 탑승을 선호하지 않는다면, 미리 버스 탑승 동영상을 보여주어 마음의 준비를 하도록 도움)

이외에도, 외과, 내과, 정신과적인 요인 등을 포함하는 다양한 의료적 원인으로 인해서 도전적 행동의 발생 가능성이 커질 수 있습니다. 따라서 부모님과 선생님은 어떠한 행동을 계속해서 보일 때는 단순히 도전적 행동이라고 단정하지 말고, 외상, 내과 질환 등 의료적 요인으로 인한 것은 아닌지 충분히 살펴볼 필요가 있습니다. 또 가능한 규칙적인 식사와 적당한 간식 제공으로 적절한 영양을 섭취할 수 있도록 힘들겠지만 그럼에도 노력할 필요가 있습니다. 또 충분한 수면 시간 확보도 중요합니다. 수면과 관련해서는 Ⅱ파트에서 다루고 있으니 참고 바랍니다. 또 필요하다면 심리적 외상(트라우마)에 대한 치유적 차원의 심리치료나 적절하지 못한 사고를 개선하는 인지행동치료 등도 심리치료 전문가의 도움을 받아 진행해볼 수 있습니다.

더불어서, 위와 같은 행동지원 전략을 적극적으로 활용하되, 뇌의 도파민 생성 문제나 감각적 자극을 받아들이는 정도의 문제 등 교육적인 방법으로만 도전적 행동을 개선하지 못하는 때도 충분히 있음을 받아들일 필요가 있습니다. 이때는 전문의와의 상담과 진료를 통해 적절한 약물치료를 실행하는 것도 긍정적으로 검토해야 할 수 있습니다. 보통 자폐 스펙트럼이 있는 청소년의 심한 도전적 행동을 개선하기 위해서는 주의력 결핍 과잉행동 장애(ADHD)를 동반하고 있는 경우에 메틸페니데이트 계열의 ADHD 관련 약물(예: 콘서타 등)을 사용할 수 있습니다. 다만 일반적인 ADHD 아동 및 청소년에 비해서는 해당 약물의 치료적 효과성이 부족하거나, 경우에 따라서는 예민함을 증가시킬 수도 있다고 알려져 있습니다. 또 자폐 스펙트럼 장애(ASD)의 행동문제와 관련해서는 FDA에서 승인된 약물 치료로써 리스페리돈(리스페달) 또는 아리피프라졸(아빌리파이) 등의 약물도 사용됩니다. 나아가

감각적 자극을 받아들이는 정도에 문제가 있다면 이를 조절하는 약물이 활용되는 것으로 알려져 있습니다. 다만 약물치료에 관해서는 정신건강의학과 전문의와의 충분한 상담을 거친 뒤 전문의의 지침에 따라 치료를 꾸준히 지속해야 합니다.

2. 위기 행동에 대한 즉각적인 대처 방안

여러 도전적 행동(문제행동) 중에서도 자신이나 타인에게 심각한 위협이 될 수 있는 파괴적인 행동을 다른 말로 위기 행동이라고 부르기도 합니다. 말 그대로, 위기 행동은 부모님이나 선생님 또는 본인이나 친구들에게 위기를 불러일으킬 수 있는 행동입니다. 앞서서는 위기 행동을 포함하는 도전적 행동이 가능한 최소한으로 발생하도록 선행사건을 조정하여 예방하고, 대체 행동을 교육하며 강화하는 데 초점을 둔 중재 전략을 설명하였습니다. 하지만 이런 전략을 활용하더라도, 위기 행동이 아예 발생하지 않은 것은 결코 아닐 수 있습니다. 따라서 위기 행동이 발생하는 상황에서의 즉각적인 대처 방안을 간략하게 살펴보도록 하겠습니다.

가. 전조증상(화가 나기 시작한 상황)이 나타날 때

보통 첫 번째 단계에서는 특별히 두드러지지는 않지만, 보통 때와는 다른 모습을 보여줍니다. 예를 들어, 발을 마구 흔들거나 자주 목을 가다듬는다든지, 혹은 계속해서 손뼉을 치는 등의 전조증상을 보일 수 있습니다. 그리고 더 불안감이나 좌절감을 느끼게 되면 이러한 행동은 더욱 과잉되어 공격적으로 나타날 수 있습니다.

부모님이나 선생님은 이러한 행동이 경고 신호임을 알아야 합니다. 작은 행동의 변화에도 주의하고, 상황의 강도를 높이지 않는 방법으로 중재를 실행해야 하며, 이들의 주의를 분산시킬 수 있는 도구나 진정시킬 수 있는 기법을 활용할 필요가 있습니다. 예를 들어, 학생에게 어떤 물건을 교무실이나 다른 교실에 가져다주는 등의 가벼운 심부름을 시키거나, 미리 선정된 홈 베이스(홈 베이스에 대해서는 앞서 설명함)에 가서 안정을 취하도록 할 수 있습니다. 부드럽고 가볍게 신체를 터치하면서 다른 흥미를 느끼는 것에 관심을 보여줄 수 있습니다. 부모님이나 선생님과 함께 산책을 할 수도 있습니다. 또 두 가지 이상의 선택지를 제시하고 이 중에서 자신이 원하는 바를 고르도록 하여 경계를 설정할 수 있습니다. 이때 부모님이나 선생님은 최대한 긍정적이고 침착한 자세를 유지하는 것이 중요합니다. 이러한 방법을 통해서 행동이 가속화되기 전에 최대한 스스로 행동을 통제할 수 있도록 돕습니다.

나. 위기 행동이 나타날 때

이 단계에서 자폐 스펙트럼 청소년들은 자신의 감정에 사로잡혀 있을 수 있습니다. 그리고 통제력도 서서히 잃어갈 수 있으며 폭력행동이나 자해행동 또는 교실 이탈 행동 등으로 위기 행동이 뒤이어 나타날 수 있습니다. 본인과 다른 사람들의 안전에 부정적인 영향을 미칠 가능성이 큰 행동입니다. 따라서 부모님이나 선생님은 앞서 이들이 보인 전조증상이 더 커지지 않도록 최대한 노력해야 합니다.

자폐 스펙트럼 청소년이 위기 행동을 보일 것으로 예상된다면, 부모님이나 선생님은 팔을 하나 뻗는 정도 이상의 안전거리를 유지하면서 행동을 통제해야 합니다. 그리고 주변을 살피면서 잠재적으로 위험한 물건들을 최대한 치웁니다. 필요하다면 같은 장소에 있는 다른 사람들을 이동시킬 수도 있겠습니다. 그리고 위기 행동이 발생하게 되면, "00아, 그만 멈춰보자." 정도의 간단한 말을 할 수 있습니다. 다만 이러한 짧은 말을 건넨 뒤에는 다른 말은 가급적 하지 않도록 하고, 최소 제한을 염두에 두면서, 안전상 문제가 되는 상황이 발생하지 않는지만 관찰합니다.

만약 자신이나 타인 등에게 위해가 될 만한 행동을 할 때는 (필요한 경우) 추가 지원인력의 도움을 받아 사전에 보호자의 동의를 받아 계획된 만큼 행동을 물리적으로 차단할 수 있습니다. 물론 인권에 대한 고려가 그 무엇보다 필요할 것입니다. 또 부득이 위기 행동을 보이는 청소년에게 말을 걸어야 하는 상황이 생기더라도, 한 번에 한 사람만 이야기하는 편이 효과적일뿐더러, 위기 행동이 더 심해지는 것도 예방할 수 있습니다.

다. 진정 및 회복단계일 때

위기 행동이 어느 정도 마무리되면, 자폐 스펙트럼 청소년은 스스로 진정하는 단계에 접어듭니다. 이때는 어느 정도 거리를 두고 진정 과정을 지켜보면서, 가능한 다른 자극(예: 사람, 사물, 소음, 빛 등)을 최대한 제거하는 게 좋습니다. 다른 요구가 이어지면, 위기 행동이 다시 발생할 수 있으므로 주의가 필요합니다. 자폐 스펙트럼 청소년이 진정을 마치고 원래 자리에 돌아오면 최대한 긍정적인 반응을 보이면서 따뜻한 말을 건네도록 합니다(예: 00아, 잘했어요). 이때는 조금 전의 일에 관해서는 말하지 않는 편이 좋습니다. 다만 어느 정도의 의사 표현이 가능하다면, 나중에 시간이 지나고 이러한 위기 행동을 보인 이유에 대해서 긍정적으로 물어보고 해결책을 찾아볼 수 있습니다. 의사 표현이 어렵다면 앞서 살펴본 기능평가(기능적 행동평가)를 통해서 이러한 행동의 원인을 분석해봅니다.

자폐 스펙트럼 청소년이 회복 단계에 접어들었다고 하더라도, 보통 바로 다시 공부를 시작할 준비는 되어있지 않습니다. 만약 일과 중에 예측할 수 없는 활동이 다시 부여되어 예측 가능성이 떨어진다면, 다시 위기 행동을 보일 수도 있습니다. 이때는 자폐 스펙트럼 청소년이 다시 교육 활동에 참여하도록 촉진하기 위해서 위기 행동으로 인해 이루어지지 못한 활동과 관련된 아주 간단하고 쉬운 과제를 제시합니다. 과제를 수행하면 충분한 칭찬과 보상을 제공할 수 있습니다. 또 교육 활동과 관련된 과제에 좀 더 동기를 얻을 수 있도록 하는 방법을 고려해볼 필요가 있습니다. 예를 들어, 이들의 강점이나 특별한 관심 요소를 포함하는 활동이나 과제를 해볼 수 있습니다. 대중교통을 좋아하는 자폐 스펙트럼 청소년이라면 대중교통을 학습의 주제나 수단으로 활용하는 것처럼 말입니다.

전조증상 발생 시, 위기 행동 발생 시, 그리고 회복 단계에서 원활하게 대처하기 위해서 부모님이나 선생님은 위기 행동에 대한 대처 계획을 미리 세우는 게 아무래도 좋습니다. 이 계획은 위기관리계획이라는 이름으로 불릴 수 있으며, 행동중재계획 안에 포함할 수도 있습니다. 위기관리계획에는 위의 내용을 포함하여 위기 행동 발생 시에 어떻게 대처해야 하는지, 본인과 다른 사람들의 안전은 어떻게 확보할 수 있는지 등을 명시해야 합니다. 그리고 위기 행동이 발생했을 때 도움을 줄 수 있는 다른 지원인력과 함께 이들과의 비상 연락 방법(예: 무전기 사용) 등도 포함할 필요가 있습니다. 무엇보다 위기 행동이 발생하더라도 부모님이나 선생님은 자신의 안정을 유지하고, 관련된 모든 사람의 안전을 최우선에 두고 대처해야 합니다.

〈표〉 위기관리계획의 예

위기 행동	대처 방안 및 주의사항
공격행동	– 공격행동이 심한 위기 행동으로 발전될 가능성이 있을 시에는 먼저 지원인력이 학급의 모든 학생을 교실 밖 특별실로 이동할 수 있도록 조치한다. – 눈에 띄는 위험한 물건을 학생이 보이지 않는 곳으로 치운다. – 필요한 경우에는 특수교사도 학생이 진정될 때까지 교실을 피한다. 다만 학생의 신변이 위험한 경우나 교실의 재산에 심각한 파괴가 발생할 우려가 있는 경우에는 무전기로 교무실의 동료 교사를 호출하여 인권에 침해되지 않고, 학생에게 상처를 입히지 않는 선에서 (장갑 등을 착용하고) 학생의 행동을 물리적으로 차단할 수 있다. 물리적 행동 차단의 수행 범위는 학부모와 별도로 협의하여 서면으로 동의서를 받아 보관한다. – 학생이 진정될 때까지 별다른 지시 없이 충분하게 기다린다. – 학생이 진정된 이후에는 학생의 행동에 대해서 언급하지 않고 다시 교육 활동을 진행할 수 있도록 한다. – 교육 활동 시에는 아주 간단한 과제부터 차근차근 어려운 과제로 진행한다.
자해행동	– 심각한 자해행동이 발생할 때는 먼저 학생의 행동을 물리적으로 차단할 수 있도록 한다. 이때 필요한 경우에는 교무실의 동료 교사에게 무전기 등으로 호출하여 도움을 얻을 수 있도록 한다. 물리적 행동 차단의 범위는 학부모와 별도로 협의하여 서면으로 동의서를 받아 보관한다. –교실의 소음과 불필요한 빛을 최소화한다. 다른 학생들에게 스트레스를 줄 수 있으므로, 필요할 경우 다른 학생들은 이동하여 수업한다. – 학생이 충분히 진정되면 대체 의사소통을 가르치면서 필요하다면, 심리안정실로 이동하여 휴식을 취할 수 있도록 조치한다. 심리안정실의 이용 시간은 수업권 침해를 예방하기 위해서 가능한 최소한으로 하되, 상세한 내용은 학부모 또는 학생 본인과 협의하여 서면으로 동의서를 받아 보관한다.

※ 기타 사항: 차폐 헤드셋, 그림 카드, 장갑, 소독제, 무전기를 준비한다.

서명				
학교관리자	담당부장	담임교사	컨설턴트(필요시)	학부모님
(인)	(인)	(인)	(인)	(인)

Q & A

도전적 행동의 중재와 관련해서
부모님과 선생님이 물을 수 있는
추가적인 질문과 답변

Q 1. 자폐 스펙트럼 청소년의 효과적인 교육을 위해 필요한 교실 환경의 조건이 있다면 무엇인가요?

① 적절한 수준의 기대와 함께, 가장 효과적인 대응 방법을 이해합니다.

- 앞서 설명한 중재 전략으로 개선되는 행동도 있지만, 의학적 요인으로 인해서 반응하지 않는 행동도 있음을 이해할 필요가 있습니다.
- 실수를 이해하고, 긍정적인 피드백을 통해 새로운 학습의 기회로 삼습니다.

② 교실 환경을 구조화하고, 예측 가능하도록 합니다(이 책의 Ⅱ, Ⅲ파트 참고).

③ 좌석 배치를 효율적으로 합니다.

- 선생님 가까이 앉도록 해서 자주 긍정적인 피드백을 줍니다.
- 모범이 될 수 있는 친구를 가까이에 앉도록 해서, 적절한 도움을 줍니다.

④ 프리맥의 원리: 어려워하는 것을 먼저 하면, 다음에 좋아하는 활동을 할 수 있음을 시각적으로 안내합니다(Ⅲ파트 참조).

⑤ 효과적인 과제 부여 전략을 사용합니다.

- 과제물을 몇 가지 제시하고 선택하도록 기회를 줍니다.
- 목표 세우기를 가르칩니다. 목표를 이루기 위한 현실적인 중간 목표를 세우고, 점검합니다(Ⅱ파트 참조).
- 과제 수행 시간을 더 주거나, 과제의 양이나 난이도를 조정합니다.
- 스몰 스텝으로 단계별로 딱딱 끊어서 지시하고, 적절한 피드백을 줍니다.
- 가능한 신체 활동이나 휴식이 포함된 일정을 자주 마련합니다.

⑥ 짧고 명확한 지시(안내): 말로만 하기보다는 가능하면 글이나 그림(사진)을 이용해서 지시를 짧지만 분명하게 반복해서 지시합니다. 그리고 그 지시를 따라 말하도록 할 수도 있습니다.

⑦ 학부모님을 정기적으로 만나 협력하고, 학교와 가정에서 일관된 교육이 이루어질 수 있도록 공유합니다.

Q 2. 과도하게 몸을 움직이는 모습을 보일 때는 어떻게 해야 할까요?

① 교실이나 가정에서 허용되는 행동의 범위와 규칙을 정해야 합니다.

② 조용히 해야 할 때, 움직이지 않아야 할 때를 알려주는 신호를 만듭니다. 주의를 줄 때는 말을 자주 하기보다는 주로 신호를 사용하는 것이 더 나을 수 있습니다.

③ 규칙을 잘 지키는 학생을 모델로 삼아 칭찬하고, 그 학생의 적절한 행동을 칭찬합니다. 일종의 대리 강화로 모델링 효과를 기대할 수 있습니다. 다만 비교하는 말을 하면 반감을 불러올 수 있습니다.

④ 부정적인 피드백보다는, 잘 있을 때 긍정적인 피드백을 더 주려고 합니다.

⑤ 처음에는 조금만 잘 있어도 칭찬과 강화제를 제공하고, 조금씩 그 시간을 늘려갑니다.

⑥ 일과 중 꾸준하게 스트레칭, 체조, 스포츠 등 신체 활동 기회를 제공합니다.

⑦ 돌아다니지 않기로 약속하고, 종종 일어서서 수업을 들을 수 있도록 합니다.

Q 3. 지시를 잘 따르지 않을 때는 어떻게 해야 할까요?

① 단순하고, 분명하며, 간결하게 지시합니다.

② 지시내용이 복잡한 경우, 순서대로 지시를 세분화해서 하고, 단계별로 제시합니다. 각 단계를 수행할 때마다 긍정적인 피드백을 제공합니다.

③ 말로만 지시하는 것보다, 필요할 경우 글, 그림(사진) 상징 등을 이용해서 지시를 시각적으로 제시합니다.

④ 지시 따르기 훈련을 실행합니다. 먼저 지시하고, 지시를 이행하면 충분한 강화제를 제공합니다. 지시를 이행하지 않거나, 실수를 보인다면 설명 → 시범 → 신체적 지원의 순서로 도움의 강도를 높여가면서 지시한 내용을 이행하도록 합니다. 그리고 이때도 칭찬과함께 필요하다면 작은 강화제를 제공할 수도 있습니다. 강화제는 점차 더 나은 모습을보일 때 주는 것으로 조금씩 변경합니다.

⑤ 전달한 내용을 올바르게 전달받았는지 확인합니다. 올바르게 전달받았다면 구체적으로

칭찬하고 약속한 강화제를 제공합니다. 그렇지 않았다면, 적절한 도움이나 단서를 주어 전달한 내용을 기억하도록 돕습니다.

Q 4. 숙제를 잘 하지 않거나, 과제나 일과 수행이 체계적이지 못할 때는 어떻게 해야 할까요?

① 부모님이나 선생님이 먼저 잘 정리된 책상, 계획된 수업과 활동, 교실 내 자료나 책이 정리된 모습을 모델로 꾸준히 보여줍니다.

② 학습 도우미를 활용하여, 숙제나 전달 사항을 알고 있는지 확인하게 합니다.

③ 가능하다면 학부모와 협력하여 간단하게 '숙제 점검 일지'를 작성하도록 합니다. 숙제를 다 했다면, 부모님이나 선생님이 일지에 서명합니다.

④ 이 과정이 잘 이루어지면 미리 약속된 강화제를 칭찬과 함께 제공합니다.

⑤ 특정 과제를 언제까지 해야 하는지 시각적 스케줄로 제시하거나, 주간 또는 월간 달력에 표시하도록 지도합니다.

⑥ 하루 동안에 잘 지냈는지 확인하기 위해서 등교 시와 하교 시에(또는 중간에 몇 번 더) 체크리스트를 활용해서 자기 행동을 스스로 점검하도록 돕습니다.

블로그 참고 자료

특수교육 현장(특히 특수학급)에서 활용할 수 있는 행동 점검 방법: Check In/Check Out 전략

blog.naver.com/bjs718/222621507253

2.

자폐 스펙트럼 청소년 효과적으로 지원하기

제5장

원활한 의사소통과 사회성을 지원하기 위한 팁 ❶: 기능적 의사소통

자폐 스펙트럼 청소년의 원활한 의사소통을 지원하기 위한 팁은 두 편으로 나누어서 살펴보려고 합니다. 먼저 이번 1편에서는 좀 더 집중적인 의사소통 지원 요구가 있는 자폐 스펙트럼 청소년, 다시 말해 지적장애 등 인지적인 어려움을 동반하고 있는 자폐 스펙트럼 청소년의 기능적인(functional) 의사소통을 지원하기 위한 중요한 팁을 살펴보도록 하겠습니다. 참고로 이 팁은 꼭 지적장애를 동반하고 있지 않은 자폐 스펙트럼 청소년이라도 어느 정도 유용하게 활용될 수 있습니다.

1. 시각적 지원(visual support) 제공하기

앞서 말씀드렸듯이 대다수 자폐인은 시각적 학습자입니다. 따라서 부모님이나 선생님은 학교와 가정에서 자폐 스펙트럼 청소년의 언어 이해와 의사소통을 지원하기 위해서 사물, 그림, 글 등을 활용한 단서를 충분하게 제공해야 합니다. 어떠한 교육 활동이나 일상생활에서의 안내 사항에 대한 이해를 돕기 위해서 언어적인 설명이나 질문과 함께 그림, 사진 또는 글자를 활용한 단서를 제공할 수 있습니다.

예를 들어, 점심시간이나 다른 일과 시간에서 여러 번에 걸쳐 다른 사람들과 상호작용을 해나갈 수 있도록 돕기 위해서 대화를 시작하기 위한 첫 문장이나 질문 단서를 카드의 형태로 제공할 수 있습니다. 이러한 카드를 '대화 스타터'라고 부르기도 합니다. 이 방법은 의사소통의 시작을 도울 수 있는 간편하지만 훌륭한 방법이 될 수 있습니다. 가능하다면 이러한 대화 스타터 여러 장을 고리에 끼워서 스스로 사용하게 지도할 수 있습니다. 그리고 최근에는 휴대의 편리성 등을 고려하여 스마트폰에 이러한 카드를 이미지로 저장하여 활용하게끔 가르칠 수도 있겠습니다. 자폐 스펙트럼 청소년의 인지적 능력이 비교적 높은 경우라면 첫 번째 문장이나 질문 단서 이외에도, 대화 주제나 상황에 따라 활용할 수 있는 말을 담은 카드를 제공하여, 활용하도록 할 수도 있습니다.

〈그림〉 '대화 스타터'의 예(취업 현장실습 시 활용 가능)

2. 추가적인 처리시간 제공하기

부모님이나 선생님은 어떠한 내용을 전달할 때, 제시된 지시나 질문을 이해하고 처리한 뒤에 적절하게 반응하기까지의 과정을 지원하기 위한 추가 시간을 자폐 스펙트럼 청소년에게 충분히 제공할 수 있어야 합니다. 쉽게 말해서, '기다려주기'의 생활화입니다.

예를 들어, 부모님이나 선생님은 어떠한 지시나 질문을 한 뒤에 마음속으로 미리 정한만큼(예: 5초 등) 충분히 기다려줍니다. 사실 매우 간단한 방법이지만, 특수교육에서 매우 효과적인 전략 중 하나인 시간지연(time delay)입니다. 이렇게 충분히 자폐 스펙트럼 청소년의 반응을 가로채지 않고, 충분한 시간을 기다려주는 것만으로도, 이들이 올바른 반응을 보일 가능성은 커질 수 있습니다.

미리 정해진 시간 안에 자폐 스펙트럼 청소년이 적절하게 반응을 보인다면, 이에 다시 응답해주는 한편, 구체적으로 칭찬해줄 수 있습니다. 필요하다면 미리 약속된 약간의 보상도 제공할 수 있겠습니다. 반면에, 충분한 시간을 기다려준 뒤에도 자폐 스펙트럼 청소년이 반응을 보이지 않거나, 다소 적절하지 않게 응답한다면, 부모님이나 선생님은 차근차근 적절한 반응을 설명해주고, 때에 따라서는 적절한 답변에 대해서 부분적 혹은 전반적으로 시범을 보여줄 수 있습니다. 이러한 원칙을 오랜 시간 꾸준히 유지하며 의사소통하는 게 말처럼 쉽지는 않을 수 있습니다. 생각보다 어려운 일입니다. 그래도 약간의 인내심을 가지고 '기다려주는' 습관을 들인다면, 시간이 지남에 따라

한층 향상된 의사소통을 보이는 자녀나 학생을 만날 수 있습니다.

3. 의사소통 기회 충분하게 제공하기

부모님이나 선생님은 자폐 스펙트럼 청소년의 의사소통을 증진하기 위해서 다양하고 풍부한 의사소통 기회를 제공하는 것이 좋습니다. 이를 위해서는 이들의 의사소통을 격려해줌과 동시에, 의사소통이 꼭 필요한 환경으로 재구성할 수 있습니다. 의사소통이 꼭 필요한 환경으로의 재구성 예를 살펴보면 다음과 같은 방법들이 있습니다.

- 흥미로운 자료나 물건이 눈에는 보이지만 손에 닿지 않는 상황 만들기
- 원하는 물품, 음식이 부족하게 제공되는 상황 만들기
- 여러 개 중에서 원하는 것을 선택해야 하는 상황 만들기
- 일과나 활동 중 소소하게 예기치 못한 상황(약간의 부적절한 상황) 만들기
- 흥미로운 주제, 자료 혹은 상황 활용하기
- 다른 사람의 도움이 필요한 상황 만들기

예를 들어, 부모님이나 선생님은 자폐 스펙트럼 청소년이 친숙한 일과를 수행하는 데 필요한 교재나 자료를 시야에는 들어오지만, 손에는 닿지 않는 곳에 둘 수 있습니다. 그러면 이 자료를 얻기 위해서 요청을 해야 할 수밖에 없고, 이 상황은 자연스러운 장면에서 적절한 의사소통을 가르치는 기회가 될 수 있습니다. 이외에도 식사 시간에 일부러 좋아하는 음식을 조금 적게

주거나, 그림을 그릴 때 색연필, 물감, 사인펜 등 여러 도구를 주면서 하나를 선택하여 요구하게 할 수 있습니다.

　이러한 상황에서 부모님과 선생님은 먼저 자폐 스펙트럼 청소년의 발달적, 인지적 수준을 고려한 의사소통(예: 문장, 짧은 문장, 단어 수준, 문자, 그림 카드, 몸짓 등 다양한)을 먼저 시범 보여주고, 따라 하면 요구를 들어줍니다. 이 과정에 익숙해지면, 다음에는 먼저 "뭐라고 해야 할까요?"라고 요청하고, 자폐 스펙트럼 청소년이 요구에 반응하여 올바르게 의사소통하면 요구를 들어주고, 약간의 실수를 보이거나 반응을 보이지 않는다면 적절한 수준의 시범을 보여주고, 따라 해볼 수 있도록 합니다. 요청했을 때 적절하게 의사소통하는 빈도가 늘어난다면, 이번에는 상황이 만들어졌을 때 아무 말도 하지 않고, 정해진 시간(예: 5초) 동안 기다립니다. 기다리는 동안 적절하게 의사소통(예: "저는 축구 하고 싶어요.")을 했다면, 자폐 스펙트럼 청소년의 요구를 들어줍니다 (예: 축구공을 주면서 "축구 하러 가자."라고 함). 만약 일정 시간 기다려주어도 적절하게 표현하지 못하거나, 실수를 보인다면 교정적인 피드백으로써 적절한 수준의 시범을 보여주면서 따라 해보도록 합니다.

　이러한 과정(① 시범 보여주기 → ② 먼저 요청 후 필요하다면 시범 보여주기 → ③ 먼저 충분히 기다린 후 필요하다면 시범 보여주기)으로 이루어지는 의사소통 지도를 할 때, 초반에는 의도적인 상황을 대량으로 만들어서 연습해볼 수 있습니다. 예를 들어, 가능하다면 한 회기(차시)에 10~20번 이상 비슷한 상황을 만들어서 단계에 맞는 연습을 해보도록 합니다. 그리고 점차 잘하게 되면 연습 횟수를 줄여나가다가 최종적으로는 의도되지 않은 우발적인(incident) 상황에서 가르치고 적절한 의사소통을 해볼 수 있도록 합니다. 지금까지 설명한 의사소통 지도 방법을 학문적으로는 강화된 환경중심 언어중재(enhanced milieu teaching)라고 말합니다. 강화된 환경중심 언어중재는 다른 사람에게 자기 의사를 요청하는 요구언어를 가르치는 데 효과적입니다. 또 의사소통의 차례를 지키는 것, 상대방과 상호 관심을 유지하는 것 등을 함께 가르칠 수 있습니다. 이 방법을 이용해서 의사소통을 가르칠 때는 보통 다음 〈표〉의 난이도 순서대로 지도해볼 수 있습니다. 또 처음부터 완성된 문장을 목표로 하기보다는 인지적, 발달적 수준을 충분히 고려해서 시작해서 점차 2어절, 3어절, 4어절 문장으로 늘려나갈 수 있도록 합니다. 사진(그림) 상징을 활용한 의사소통판, 그림 카드를 교환하는 방법, 그리고 몸짓 등의 보완적이고 대체적인 의사소통 수단(AAC)을 적용할 수도 있습니다.

블로그 참고 자료

가정학습기간에 발달장애 영유아, 아동과 함께 해볼 수 있는 놀이활동과 언어교육 방법들 feat. 놀이 가르치기, 환경중심 언어중재
blog.naver.com/bjs718/221862834169

〈표〉 요구언어를 가르치는 난이도 예시(최진혁, 박혜숙, 2013)

수준	설명	예시
1	눈에 보이는 사물 요구하기	(눈에 보이지만 손에 닿지 않는 과자를 보고) "과자 주세요."
2	눈에 보이지 않는 사물 요구하기	(배고 고픈 상황에서) "배가 고파요. 간식 주세요."
3	놀이나 동작에 대한 요구하기	"그네를 밀어주세요.", "안아주세요."
4	불쾌한 상황을 벗어나기 위한 요구하기	(냄새나는 물건이 있으면) "치워주세요."
5	원하지 않는 활동이나 상황을 피하기 위한 요구하기	"싫어요.", "하지 않을래요."
6	원하는 사물이나 활동을 추가로 요구하기	"OO 더 주세요.", "더 하고 싶어요."
7	상대방의 질문에 "예, 아니요."로 대답하기	("이거 줄까?"라는 질문에) "네", "아니오."
8	선택의문문에 적절하게 대답하기	("OO 줄까 아니면 ** 줄까?" 하는 질문에) "저는 OO 주세요."
9	의문문을 이용해서 요구하기	(게임이 하고 싶을 때) "엄마, 나 게임 좀 해도 될까요?"

한편, 일과나 활동의 진행에 소소하게 변화를 주거나 약간의 부적절한 상황을 조성하여 의사소통을 유도할 수도 있습니다. 예를 들어, 평소에 먹던 간식이 없고 다른 간식이 있는 상황을 만들어서, 원하는 간식을 요구하거나, 언제 먹을 수 있는지 등을 물어보도록 가르칠 수 있습니다. 그런데 이러한 방법은 자폐 스펙트럼 청소년의 도전적 행동을 유발할 가능성도 없지 않기 때문에, 어느 정도의 변화를 견딜 수 있는지를 고려해서 적절하게 활용할 필요가 있습니다.

학교에서는 쉬는 시간 동안 학생들이 서로 이야기 나누는 것과 유사하게 교육활동 중에 대화를 나눌 수 있는 시간을 의도적으로 포함할 수 있습니다. 이때 통합교육 상황이라면, 비장애 학생들의 협조를 얻는 게 필요한데 비장애 학생들에게도 적절한 강화제를 선정해서 제공하여 참여도를 높일 수 있습니다. 자폐 스펙트럼 청소년을 위해서는 앞서 시각적 지원에서 설명한 글, 그림으로 구성된 대화 스타터 카드를 활용하도록 지원할 수 있습니다. 또 상호작용 빈도를 늘리기 위해서 자폐 스펙트럼 청소년이 흥미를 느끼는 주제나 자료를 의사소통 장면에서 활용하거나, 가능할 때마다 여러 개 중에서 하나를 선택하는 의사소통 기회를 줄 수 있도록 노력해야 합니다. 말처럼 쉽지만은 않지만 말입니다.

4. 모델링(modeling)

부모님이나 선생님은 좋은 먼저 의사소통 모델이 되어서, 의사소통과 사회적 기술의 올바른 사용을 자주 시범 보여줄 필요가 있습니다. 올바른 의사소통 방법이나 사회적 기술에 대해서 간단하게 설명하고, 이를 충분히 시범 보여준 뒤, 자폐 스펙트럼 청소년 스스로 수행해 볼 수 있도록 연습(시연) 기회를 줍니다. 그리고 이들의 수행에 대해서 구체적인 칭찬이나 약간의 보상을 제공하거나, 필요하다면 부족했던 부분을 다시 설명해주면서 다시 시범 보여줄 수 있습니다. 이러한 설명 → 시범 → 시연(연습) → 피드백의 순서로 진행되는 행동기술훈련(behavior skill training)의 절차를 교육 활동이나 일상생활에서 충분히 포함할 수 있으면 좋을 것입니다. 다만 이때 부정적인 말은 최대한 피하고, 긍정적인 말과 표정으로 친절하게 피드백을 주는 일은 결코 말처럼 쉬운 일은 아닙니다. 하지만 어려운 만큼 이 절차의 꾸준한 실행을 위해 꼭 필요하며, 장기적으로 더 효과적입니다.

마지막으로 부모님이나 선생님이 의사소통 모델로서 항상 존재하면 좋겠지만, 그게 늘 가능한 일은 아닐 겁니다. 그럴 때는 적절한 의사소통 및 사회적 기술을 다른 청소년이 시범 보여주는 짧은 동영상을 스마트폰이나 태블릿에 넣어두고 자폐 스펙트럼 청소년이 꾸준히 시청하도록 할 수 있습니다. 일종의 비디오 모델링(video modeling)으로, 이 방법을 활용하면 좀 더 손쉽게 모델의 도움을 받아 의사소통 방법을 익힐 수 있습니다. 이외에도 대화 차례 지키기나 의사소통을 시작하는 방법 등을 포함하는 기술을 시범 보여줄 수 있도록 지원인력이나 또래 학생을 활용하는 전략도 가능하다면 활용해 보면 좋겠습니다.

지금까지 말씀드린 내용 이외에도, 부모님이나 선생님은 자폐 스펙트럼 청소년에게 어떤 내용을 가르치고자 할 때, 교육내용을 스몰 스텝으로 나누어서 제시하는 것을 꼭 기억해야 합니다. 진도는 조금 늦추고, 단순화하는 것이 필요하다는 말입니다. 가령, 한 번에 질문할 내용도 일종의 하위 과정으로 나누어서 단계별로 물어볼 수 있습니다. 또 구체적이고 긍정적인 피드백을 제공할 수 있어야 합니다. 단순히 "잘했어."가 아니라, 학생이 정확하게 어떤 것을 잘했는지 구체적으로 칭찬하는 게 좋습니다. 만약 부족한 점이 있다면, 어떤 점을 좀 더 보완하면 좋을지도 이해할 수 있도록 명시적이고 구체적으로 피드백을 제공할 수 있어야 합니다. 물론 늘 말씀드리지만, 말처럼 쉬운 일은 결코 아닙니다. 하지만 이런 마음가짐을 먹는 것 자체가 중요하다고 생각해 봅니다. 시작이 반이니까요.

제6장

원활한 의사소통과 사회성을 지원하기 위한 팁 ❷: 학교에서의 의사소통

이번에는 자폐 스펙트럼 청소년의 원활한 의사소통을 지원하기 위한 팁 2편으로 '학교에서의 의사소통 지원' 방법에 관해서 알아보도록 하겠습니다. 여기서는 주로 통합교육 장면에서 더욱 유용할 수 있는 내용을 포함하고 있지만, 특수학교나 특수학급에서도 아이디어를 활용해볼 수 있습니다.

1. 프라이밍(priming): 사전 안내하기

학교에서의 다양한 교육 활동 중에 수용 언어와 표현 언어능력을 높이기 위해서 활동이나 과제에 앞서서 관련된 정보를 미리 제공할 수 있습니다. 보통 동영상, 사진 등의 시각적인 매개를 주로 활용합니다. 예를 들어, 교육 활동을 시작하기 전에 필기 노트의 개요 양식을 제공할 수 있습니다. 전체 필기 내용 중 대부분은 미리 작성되어 있고, 일부 단어만 빈칸으로 두어 수업을 들으면서 채우는 방식인 안내 노트(guided note)를 제공할 수도 있습니다. 또 수업을 시작하기 전에 학생들에게 물어볼 질문지를 미리 제시하여,

사전에 답을 생각해볼 수 있도록 지원할 수도 있습니다.

<표> 수업 중 학습을 지원하기 위한 안내 노트의 예

교과	사회	단원	민주주의의 꽃 '선거'	차시	5/8	이름	김○○
학습 목표			- 선거의 4대 주요 원칙에 대해서 말할 수 있다. - 우리나라에서 국가 차원으로 실시되는 선거의 종류를 구별할 수 있다.				

□ (   )의 4대 원칙
1. (   ): 누구나 법률로 정한 성인이 되면 선거할 자격이 주어지는 것을 말함.
2. (   ): 신분을 차별하지 않고, 누구나 (   ) 1표씩 투표하는 것을 말함.
3. 직접선거: (   )이 아닌, 자기 자신이 (   ) 선거에 참여하는 것을 말함.
4. (   ): 자신이 투표한 내용에 대한 비밀을 보장받는 것을 말함.

□ 우리나라의 주요 선거: (   )선거: 5년마다 실시 / 국회의원 총선거: (   )년마다 실시 / 전국동시지방선거: (   )년마다 실시, 시도지사, (   ), (   ), 시도의회의원 등, (   ) 목적.

2. 추가 처리시간 제공

자폐 스펙트럼 청소년에게는 수업 시간에 이루어지는 지시나 질문을 처리하고 반응하는 데까지 좀 더 많은 시간이 필요할 수 있습니다. 그렇기에 또래 친구들보다 좀 더 많은 추가 시간을 제공해야 합니다. 예를 들어, 자폐 스펙트럼 청소년에게 '다음 차례는 ○○이에요.'와 같이 질문하기 전에 미리 준비할 수 있도록 언급해줄 수 있습니다. 또는 손을 들게 하기 전에 15~30초 정도 답을 충분히 생각해보도록 하거나, 충분히 고민해서 답을 써보게 하는 방식으로 수업할 수 있습니다. 만약 글자를 쓰는 데 익숙하지 않다면, O/X 형식이나 선다형 방식으로 질문을 바꾸어서 물어보고 답하도록 할 수 있습니다. 말을 잘하지 못하거나, 다른 사람 앞에서 발표하는 것을 부끄러워할 때도 선다형 방식을 사용할 수 있는데, 이때는 O, X를 표지판처럼 만들어서 적절한 답을 들어서 표시하도록 지원할 수 있습니다.

3. 모델링(modeling)

부모님과 선생님은 학교 현장과 가정에서 적절한 의사소통과 사회적 행동(기술)을 시범 보여주는 모델이 되어야 합니다. 수업 시간에는 자폐 스펙트럼 청소년에게 목표가 되는 의사소통 기술과 사회적 기술을 시범 보여줄 수 있습니다. 사소한 것이라도 적절하게 수행하지 못한다면, 차근차근 시범을 보여줍니다. 또 가정에서도 필요할 때다 적절한 의사소통과 사회적 행동을 시범 보여줄 수 있습니다. 다만 그것이 자폐 스펙트럼 청소년에게 부정적으로 느껴지면 적절한 학습이 이루어지지 못할 수 있으므로, 모델링은 가능한 짧고 간결하게, 그리고 '혼을 내면서' 하는 것이 아니라, 긍정적인 느낌을 가질 수 있게끔 친근하게 설명해주어야 합니다. 말처럼 쉽지는 않지만 노력할 필요가 있습니다. 만약 부모님이나 선생님이 계속해서 시범을 보여줄 수 없는 상황이거나, 자폐 스펙트럼 청소년이 여러 이유로 싫어한다면, 꼭 필요한 내용이나 목표로 삼은 상황을 동영상으로 찍어서 스스로 시청하도록 지도할 수 있습니다. 동영상이 아니더라도 각종 사회적인 상황에서의 적절한 표현과 에티켓을 담은 글이나 그림 자료를 휴대하도록 하여 도움을 받도록 할 수도 있습니다.

예를 들어보겠습니다. 필요한 물건을 친구에게 빌리는 것을 매끄럽게 하지 못하는 자폐 스펙트럼 청소년이 있다면, 선생님은 친구에게 물건을 빌리는 과정을 설명하고, 시범 보여주며, 연습 기회를 제공하고, 적절한 피드백을 제공할 수 있습니다. 또 목표가 되는 의사소통이나 사회적 기술을 다른 학생이 수행하는 동영상을 촬영하여 꾸준히 보도록 할 수도 있습니다. 자폐 스펙트럼 청소년이 해당 행동을 약간의 도움을 받아 수행할 수 있다면, 본인이 직접 수행하는 모습을 편집한 동영상을 보면서 학습하는 방법도 효과적입니다.

또 선생님은 이들의 또래 친구에게도 좋은 모델의 역할을 해주어야 합니다. 자폐 스펙트럼 청소년의 인지 특성을 고려하여 적절하게 질문하고, 또 이들의 답에 적절하게 반응하는 모습을 자주 보여줌으로써, 좋은 모델의 역할을 수행할 수 있습니다. 사실 말처럼 쉬운 일은 아니지만, 통합교육 현장에서 특수교육 대상 학생을 대하는 통합학급 선생님의 태도가 학급 학생들에게 미치는 영향이 현재 그리고 미래에 걸쳐서까지 크게 자리 잡는다는 점을 고려하면 너무나 중요한 일이라고 생각해보게 됩니다.

4. 또래 지원 및 사회적 관계 형성

선생님은 수업 시간에 학급 친구들이 자폐 스펙트럼 청소년에게 적절한 지원을 제공하도록 격려하고, 적절한 방법을 코치해줄 필요가 있습니다. 먼저 미리 또래에게 자폐 스펙트럼이 있는 친구에게 어떤 도움을 얼마나 주어야 할지를 충분히 알려주고 연습해보도록 합니다. 그리고 그 또래를 자폐 스펙트럼이 있는 친구 근처에 앉도록 합니다. 또 모둠 활동에서 자폐 스펙트럼 청소년이 목표로 삼은 의사소통 기술이나 사회적 기술을 연습하게끔 하기 위해서, 모둠 안의 모든 또래 친구들에게 특정한 역할을 부여할 수 있습니다. 이때 집단 강화(group reinforcement) 전략을 활용해서, 자폐 스펙트럼 청소년이 목표 기술을 수행했을 때 혹은 자폐 스펙트럼 청소년을 포함한 모든 모둠 구성원이 좋은 모습을 보였을 때 모둠 내 모든 학생에게 약속된 보상을 제공할 수도 있습니다.

역시 결코 쉬운 일은 아닐 수 있지만, 선생님은 자폐 스펙트럼 청소년이 학급 밖에서도 또래들과의 관계를 맺도록 지원하기 위해 노력해야 합니다. 선생님은 자폐 스펙트럼 청소년이 특별히 흥미를 보이는 영역을 주제로 한 동아리를 만들고 지도교사가 되어 참여를 이끌 수 있습니다. 예를 들어, 제가 알고 있는 특수교육 선생님께서는 특수학급에서도 하루 중 일부를 공부하는 자폐 스펙트럼 학생이 자동차에 많은 관심이 있다는 것을 알게 되어, 자동차 모형 만들기 동아리를 만들어 운영했습니다. 생각보다 여러 명의 학생이 동아리에 들어와 참여했고, 자폐 스펙트럼 학생과 또래 학생들 모두에게 유익한 시간을 보낼 수 있었습니다. 또 특수학급에서는 비장애 또래들도 흥미를 보일 만한 활동(예: 가상현실 게임 등)을 주제로 프로그램을 만들고, 참여 희망 학생을 모집해서 점심시간 등에 운영할 수 있습니다. 어른들이 생각할 때 청소년기 학생들에게 다소 쉬워 보인다고 생각할만한 활동이라도 사실 여러 명이 모이면 생각보다 즐겁게 참여하는 모습을 볼 수도 있으리라 생각합니다.

5. 사회적 기술 꾸준히 가르치기: 사회적 기술 훈련(social skill training)

    자폐 스펙트럼 청소년의 사회적 능력 향상을 돕기 위해서는 다양한 사회적 기술을 꾸준하게 학교와 가정에서 연습하는 과정이 필요할 수 있습니다. 다양한 사회적 기술을 구조화된 장면에서 가르치고 연습하는 절차를 사회적 기술 훈련(또는 사회 기술 훈련이나 사회성 기술 훈련으로 번역하기도 함)이라고 말합니다. 사회적 기술 훈련은 보통 기본적으로 다음과 같이 진행됩니다.

    ① 어떠한 사회적 기술의 내용과 필요성을 충분하게 설명합니다.

    ② 이러한 사회적 기술을 직접적으로 시범 보여줍니다.

    ③ 구조화된 역할 놀이 상황을 만들어서, 충분하게 연습(시연)하도록 합니다.

    ④ 연습에 대한 피드백을 제공합니다.

    처음에는 필요할 때마다 사회적 기술의 수행 과정에서 실수한 부분을 수정해주는 등의 도움을 주다가 차츰 이를 줄여 연습이 끝난 이후에 피드백을 주는 방식으로 바꾸어나갈 수 있습니다. 이러한 기본적인 사회적 기술 훈련의 형태에서 자폐 스펙트럼 청소년의 특성을 고려해서 몇 가지 절차를 추가한 'Cool versus not Cool'이라는 사회적 기술 교육 방법이 있습니다. 우리말로 번역하면 '좋은 행동 대 좋지 않은 행동' 정도가 되겠습니다. 이 방법의 절차는 다음과 같습니다.

① 목표가 되는 사회적 상황이나 행동(기술)에 대해서 관심을 이끕니다. 보통 필요성을 충분하게 설명하면서, 이러한 행동을 보였을 때 친구 관계나 다른 사회적 관계가 어떻게 긍정적으로 변화될 수 있는지 안내합니다.

② 교육(훈련)을 시작할 준비가 되었음을 확인하고, 보상에 대해서 알려줍니다.

③ 목표가 되는 사회적 상황을 설명, 그림이나 동영상 등 시각적 자료, 역할 놀이 등으로 안내합니다.

④ 해당 사회적 상황에 대한 바람직한 행동과 바람직하지 않은 행동의 예시를 시각적인 자료 등으로 안내하고, 설명합니다.

⑤ 각 행동 중에서 바람직한 행동이 무엇인지 질문합니다.

⑥ 해당 행동을 선택한 이유를 묻습니다. 만약 부적절한 행동을 선택하였다면, 긍정적인 방법으로 수정할 수 있도록 다시 설명합니다.

⑦ 바람직한 행동을 다시 안내하고, 역할 놀이 장면을 만들어서 충분하게 시범을 보여줍니다.

⑧ 필요할 경우 바람직한 행동의 하위 과정을 스몰 스텝으로 나누어서 각 하위 단계별로 단계적으로 가르칠 수 있습니다. 구체적인 칭찬과 격려, 보상을 적절하게 활용합니다.

⑨ 역할 놀이 상황에서 연습하도록 합니다. 적절한 피드백을 제공하여 바람직한 행동을 습득하도록 지원합니다.

⑩ 실제 상황에서 연습 기회를 제공하여 일반화를 돕고, 올바르게 수행할 때 충분한 칭찬과 보상을 제공합니다.

부모님과 선생님은 일주일에 몇 회 정도 시간을 정해두고, 짧게라도 꾸준하게 사회적 기술을 가르칠 수 있습니다. 그리고 연습한 사회적 기술은 실제 상황에서도 사용할 수 있도록 적극적으로 격려하고, 이러한 모습을 보였을 때는 충분한 칭찬과 보상을 제공해야 합니다. 사회적 기술 훈련에 대한 좀 더 전문적인 내용은 'PEERS®' 프로그램이나 '스킬스트리밍(Skillstreaming)' 프로그램 등을 다루고 있는 서적을 읽어보시면 도움이 될 것입니다. 포털에서 검색하면 관련 서적을 쉽게 찾아볼 수 있으니 참고 바랍니다. 이러한 프로그램을 활용하는 외부 기관에서 진행하는 전문적인 사회적 기술 훈련 프로그램에 참여하는 것도 좋은 방법이 될 수 있습니다. 하지만 그렇더라도 치료실이나 기관에서 이루어지는 프로그램에는 한계가 있으므로, 학교와 가정에서의 연습이 함께 요구될 수 있습니다. 자폐 스펙트럼 청소년에게 가르칠 수 있는 사회적 기술의 예는 다음과 같습니다. 하나의 예시일뿐 더 다양한 기술이 포함될 수 있습니다.

◎ 자기표현 영역

– 상황에 따른 적절한 거절 방법 익히기

– 다른 사람이나 기관(예: 112. 119 등)에 도움 요청하기

– 자신의 실수나 잘못을 인식하고, 올바르게 사과하기

– 자신의 장점 표현하기

– 상황(예: 면접, 친구들과의 대화시간 등)에 따라 적절한 자기 소개하기

– 상황이나 대상에 맞게 자기 생각이나 요구 표현하기

◎ 타인인식 영역

– 순서 지키기(줄 서서 기다리기 등)

- 대화 순서 지키기

- 상황과 대상에 따라 반말과 존댓말 구별해서 사용하기

- 상대방이 괴로워하거나 슬퍼할 때 위로 표현 사용하기

- 다른 사람에게 허락 구하기(예: 물건 빌리기 등)

- 자신의 요구를 타인이 거절할 때 적절한 반응하기(타당한 거절이라면 수긍하고, 그렇지 않다면 다시 요청하거나 다른 방법 찾아보기 등)

- 상황과 장소에 따라 목소리 크기 조절하기

- 사적인 개인 장소에서 생리현상 처리 및 성적 욕구 해결하기

- 다른 사람의 공간 방문 시 예의 지키기(예: 노크하기, 적절한 인사하기 등)

◎ 대인관계 영역

- 대상이나 상황에 맞는 인사말 구별하여 인사하기

- 시간 약속 지키기

- 다른 사람과 원만하게 의견을 나누기(정보교환, 일상대화 등)

- 의견이 충돌될 때 다수결 등 대안적인 방법 고려하기

- 상대와 상황에 맞는 선물을 준비하여 전달하기

- 부당한 대우나 권리를 침해받았다고 느낄 때, 그 내용을 그대로 도와줄 수 있는 기관이나 사람에게 전달하면서 도움 구하기

- 협동 운동 시에 규칙 지키기

- 데이트 신청하고 적절하게 데이트하기

- 데이트에서 해야 할 행동과 그렇지 않은 행동 구별하기

제7장

자기결정 능력을
높이기 위한 팁

자기결정(self-determination) 능력은 말 그대로, 삶의 여러 상황에서 주어지는 문제를 자기 주도적으로 결정하게끔 하는 힘을 의미합니다. 학자에 따라 조금씩 다를 수 있지만, 보통 자기결정 능력 안에는 목표설정, 자기인식, 선택하기, 자기 옹호, 문제해결, 자기 점검, 의사결정 등의 하위 요소가 포함될 수 있다고 알려져 있습니다. 이번 장에서는 자폐 스펙트럼 청소년의 자기결정 능력을 신장하게끔 하기 위해서 부모님 등의 가족 구성원과 선생님이 어떻게 지원해야 하는지를 말씀드리고자 합니다.

1. 자기결정 능력의 향상을 촉진하는 방법들

첫째, 어떠한 목표를 설정하고, 이 과정에서 문제를 해결하는 과정을 꾸준하게 직접 시범 보여줄 수 있습니다. 뒤이어 설명할 자기결정 교수학습모델이 이러한 과정을 체계적으로 가르치고 배우는 방법이 될 수 있습니다.

둘째, 여러 일상생활(자립생활) 기술을 가르쳐서 스스로 수행할 수 있게끔 함으로써, 자신을 더 긍정적으로 인식하도록 도울 수 있습니다. 일상생활 기술의 교육 방법은 이 책의 뒤에서 좀 더 자세하게 다루도록 하겠지만, 기본적으로 적절한 비계(어느 정도 도움을 받으면 수행할 수 있는 정도)를 설정하여, 조금씩 도움을 줄여주면서 독립적인 수행을 이끄는 방식으로 진행할 수 있습니다.

셋째, 자폐 스펙트럼 청소년의 진보에 대해서 자주 평가하고 평가 결과에 따라 구체적으로 칭찬해주어야 합니다. 어떠한 목표를 정했다면 그 목표와 관련된 학습 진행에 대해서 자주 평가하면서 피드백해주는 것이 좀 더 효과적인 배움을 얻도록 하는 데 효과적입니다. 가능하다면 이러한 평가를 객관적인 수치로 나타내고, 꺾은선 그래프 등으로 시각적으로 제시하면 더 의미 있는 평가 자료가 될 수 있습니다. 다만 모든 교육내용을 수치화할 수 있는 것은 아니라는 점도 충분히 고려할 필요가 있겠습니다. 또한, 학생의 인지적 수준에 따라서 그 참여 정도는 달라질 수 있겠지만, 자폐 스펙트럼 청소년 스스로 자신의 목표 수행 정도를 점검하고, 그래프로 그려 나간 뒤에 평가해보도록 지원하는 것은 한 차원 더 높은 자기결정 능력의 신장을 도모할 수 있습니다.

넷째, 누차 강조하지만 다양한 상황에서 사소한 것부터 자폐 스펙트럼 청소년 스스로 선택하고 결정하는 기회를 제공할 필요가 있습니다. 선택 기회를 꾸준히 제공한다는 것이 말은 쉽지만, 의식하지 않으면 실제 가정과 학교에서 실행하기는 쉽지 않을 수 있습니다. 인지적 능력의 수준을 고려하면서, 적절한 정도의 선택 및 의사결정 기회를 꾸준히 제공한다면, 시간이 지나 자연스럽게 좀 더 향상된 자기결정을 수행하는 자녀나 학생을 만날 수 있을 겁니다.

다섯째, 자기 자신을 옹호할 수 있는 자기 옹호 기술을 꾸준하게 가르쳐야 합니다. 자기 옹호는 배우고, 일하며, 생산적으로 살아가는데 필요한 자신감과 성취감을 만듭니다. 또 자신만의 특별한 요구를 다른 사람에게 전달하고, 강점을 활용하는 방법을 배우면서 다양한 수준의 독립성을 성취하도록 도움을 줄 수 있습니다. 자폐 스펙트럼 청소년에게 자기 옹호 기술을 가르치는 방법에는 다양한 게 있을 수 있지만, 그중에서 몇 가지를 살펴보면 다음과 같습니다.

· 자폐 스펙트럼 장애(autism spectrum disorder)에 대해서 이해할 수 있는 만큼 가르칠 수 있습니다. 가능하다면 자폐 스펙트럼 장애의 기본적인 진단 기준 중 일부를 안내할 수 있습니다. 또 자폐 스펙트럼이라는 특성이 일상생활에서 어떠한 모습으로 나타날 수 있는지를 가르칩니다. 예를 들어, 자신이 가진 청각적이거나 시각적인 과민함, 사회적인 어려움이 자폐 스펙트럼의 특성임을 안내하여, 노력이나 의지력이 부족해서 그렇다기보다는, 환경이나 주변 사람의 변화가 어느 정도 필요한 부분임을 스스로 인식하도록 합니다.

· 자폐 스펙트럼 청소년에게 자신의 강점과 약점을 명확하게 표현하도록 가르칠 수 있습니다. 자신의 강점과 약점을 파악하도록 도운 뒤, 추가 사례를 제시하면서 일상생활에서 이러한 특성이 어떠한 영향을 미칠 수 있는지 충분히 설명합니다. 부모님과 선생님은 모든 사람이 저마다 강점과 약점이 있으며, 자기

인식을 적절하게 하는 것이 향후 더 성장할 수 있는 기회를 가져올 수 있음을
안내할 수 있습니다.

· 자신의 요구사항을 언제 어떻게 전달해야 하는지 연습하도록 돕습니다. 예를
들어, 고용주나 관련 기관에 자신의 특성으로 인해서 어떠한 지원이 필요한지
예의를 갖추되 분명하게 설명할 수 있도록 충분하게 연습하도록 합니다.

· 필요할 경우 도움을 받을 수 있는 자원에 대해서 충분하게 가르쳐야 합니다.
마치 모든 사람이 심하게 다치거나 불이 나면 119에 전화하듯이, 필요할 때
도움을 받을 수 있는 단체나 사람들의 정보를 안내하고, 예의를 갖추되 명확하
게 도움을 요청하는 방법도 가르쳐야 합니다.

2. 자율성과 관계성(relatedness)의 향상을 촉진하는 방법들

첫째, 부모님이나 선생님은 어떠한 교육 활동이나 주요한 일상생활 활동
에 대해 상황 정보와 구조(개요)를 시각적으로 제공할 필요가 있습니다. Ⅲ
파트에 있는 티치(TEACCH) 프로그램의 '시각적 스케줄' 장 등을 참고하시기
바랍니다.

둘째, 학습자의 생각을 어떠한 방식으로든 표현하도록 이끌고, 능숙함의
정도나 방식의 적절성보다는 어떠한 방식이든 자기 생각을 표현했다는 것
자체에 초점을 두고 긍정적인 피드백을 해줄 수 있어야 합니다.

셋째, 자폐인들은 자신만의 특별한 흥미 요소를 가지고 있는 경우가 많습니다. 따라서 자폐 스펙트럼 청소년의 개별적인 선호도를 고려하고, 이들의 흥미를 반영한 교육목표를 설정하고, 선택 기회를 제공하려고 노력해야 합니다. 특히 진로 및 직업교육에서 이러한 흥미를 고려하는 것이 중요한데, 이 점은 Ⅳ 파트에서 조금 더 자세하게 다루고 있습니다.

3. 핵심적인 자기결정 기술 개발을 위한 전략: 자기결정 교수학습모델(SDLMI)

자기결정 교수학습모델(self-determination learning model for instruction)은 문제해결 기술을 포함하는 자기결정 능력을 신장하도록 체계적으로 돕는 교수학습 모델입니다. 자기결정 교수학습모델은 사실 인지적인 어려움이 상대적으로 크지 않은 자폐 스펙트럼 청소년에게 가장 효과적일 수 있습니다. 하지만 지적장애를 동반하고 있다고 하더라도, 어느 정도의 의사소통이 가능하다면, 이 교수학습 모델의 전체 또는 일부를 좀 더 세심하고 많은 도움을 제공하여 배우고 연습하도록 지원함으로써, 자기결정 능력의 신장을 이끌 수 있습니다. 자기결정 교수학습모델은 크게 목표 설정하기 → 계획 및 실행하기 → 평가 및 조정하기의 단계로 이루어집니다.

〈표〉 자기결정 교수학습모델의 3단계

단계	1단계: 목표설정	2단계: 계획 및 실행	3단계:평가 및 조정
초점 기술	문제해결 및 목표설정	목표달성 및 자기관리	자기평가와 의사결정
가족 구성원 또는 선생님의 역할	자폐 스펙트럼 청소년이 합리적인 목표를 찾아 선정할 수 있도록 도움 주기	자폐 스펙트럼 청소년이 목표를 성취하기 위한 실행 계획을 수립할 수 있도록 지원하기	설정된 목표에 관해서 자폐 스펙트럼 청소년이 스스로 수행을 평가할 수 있도록 돕기
지원을 제공하기 위한 방법	−선택하기 가르치기 −강점을 평가할 수 있도록 지원하기	−자기 교수 가르치기 −자기 점검 가르치기	−자기 평가 가르치기 −자기 강화 가르치기

가. 1단계: 목표설정

1단계인 목표설정 단계는 본인 스스로에 대해서 인식하는 자기인식, 문제해결, 선택하기의 과정으로 진행됩니다.

1. 자기인식

먼저 자폐 스펙트럼 청소년과 그들의 능력, 감정, 어떤 부분에 동기가 유발되는지 등에 관해서 충분하게 이야기를 나눕니다. 다음으로 자폐 스펙트럼 청소년 스스로 강점(장점)을 평가하거나 직업 흥미도를 평가하는 과정에 참여하도록 격려합니다. 국립특수교육원과 한국장애인고용공단 등에서는 무료로 온라인 직업흥미검사를 수행하도록 지원하고 있으니 참고 바랍니다.

〈표〉 온라인 직업흥미검사 사이트

국립특수교육원	
사이트 주소	국립특수교육원 홈페이지 하단 직업흥미검사 배너 클릭 (nise.go.kr/examine/info.do?m=090101&s=nise)
화면	
내용	발달장애인 대상 직업흥미검사(이외 적응행동검사 등 다양한 검사 가능)
한국장애인고용공단	
사이트 주소	한국장애인고용공단 내 장애인직업능력평가포털(hub.kead.or.kr)
화면	
내용	− 각종 직업능력평가 − 각종 직업심리평가(직업흥미검사 등)

2. 문제해결

먼저 학습자가 문제에 대한 해결책을 찾아보고, 자신의 선택에 대한 이유를 분석해보는 사고 과정에 관해서 이야기해볼 수 있도록 돕습니다. 다음으로 문제를 정의하고, 해결책을 찾아보며, 이를 실행해보고, 마지막으로 실행 결과에 대해서 평가해보는 일련의 문제해결 과정을 가르칩니다.

3. 선택하기

먼저 자폐 스펙트럼 청소년이 수행할 수 있는 목표를 찾아보고, 둘 이상의 선택지 중에서 자신의 선호에 따라 하나 이상을 선택할 수 있도록 돕습니다. 다음으로 자폐 스펙트럼 청소년이 자기 목표를 직접 진술하고, 목표 달성의 기준을 정해볼 수 있도록 지원합니다.

나. 2단계: 계획 및 실행

2단계인 계획 및 실행단계는 자신을 가르치도록 훈련하는 자기 교수, 자신의 수행을 지속해서 확인하는 자기 점검, 마지막으로 자기 옹호의 과정으로 진행하면서, 목표 달성을 위한 계획의 실행 정도를 지속해서 추적 관찰하게 됩니다.

1. 자기 교수

먼저 자폐 스펙트럼 청소년이 자신의 목표에 관해서 생각해보도록 도움을 제공합니다. 그리고 자신의 목표에 계속해서 집중할 수 있도록 지원합니다. 다음으로 자폐 스펙트럼 청소년이 자신의 목표를 성취하는데 필요한 행동이나 노력을 스스로 꾸준히 기억하도록 하는 방법(예: 목표 및 계획 관련 양식 붙여두기, 매일 아침 오늘 해야 할 것을 예약문자로 발송하기, 목표와 계획을 담은 사진을 스마트폰 배경 화면으로 설정하기 등)을 선택하도록 돕습니다.

2. 자기 점검

먼저 자폐 스펙트럼 청소년이 목표를 달성하기 위해서 자신이 계획한 계획을 실행에 옮길 수 있도록 실행 계획 스케줄을 결정하고, 이를 꾸준히 실천하도록 지원합니다. 다음으로 체크리스트나 각종 자기 점검 양식을 활용해서 목표 달성 과정이나 매일의 계획 수행 여부를 기록하는 방법을 가르칩니다. 그리고 이를 꾸준히 활용하도록 안내하고, 주기적으로 확인해줍니다

〈표〉 매일 자기 점검 양식의 예(체중 감량을 목표로 한 경우)

목표	2개월 내 5kg 감량	날짜		수행 정도				
순	점검 질문			1점	2점	3점	4점	5점
1	트레드밀(러닝머신)을 6km로 40분 이상 탔나요?			~9분	10분	20분	30분	40분
2	계단을 1~10층까지 4회 반복해서 올랐나요?			~1회	1회	2회	3회	4회
3	아침, 점심, 저녁 모두 정해진 식단을 먹었나요?			1끼	-	2끼	-	3끼
4	정해진 식단 이외에 다른 간식을 몇 번 먹었나요?			4회	3회	2회	1회	없음
성찰	잘한 점			총점		( )점 / 20점		
	개선할 점			오늘 체중		( )kg		

3. 자기 옹호

먼저 자폐 스펙트럼 청소년이 자신의 목표를 달성하기 위해 활동하는 동안에 필요한 여러 가지 요구사항을 부모님이나 선생님에게 표현하고 설명할 수 있도록 지원합니다. 다음으로 자폐 스펙트럼 청소년에게 학교, 가정, 지역사회에서 이용할 수 있는 자원에 대해서 충분히 알려 줍니다. 또 목표 성취에 도움을 줄 수 있는 자원을 어떻게 하면 찾을 수 있는지(예: 관련 기관의 온라인 홈페이지 검색 방법 등)도 자세하게 알려주고, 연습 기회를 제공합니다.

다. 3단계: 평가 및 조정

마지막 3단계인 평가 및 조정 단계에서는 계획하고 수행한 일들이 실제 목표 성취에 얼마나 기여했는지 가능한 한 스스로 평가할 수 있도록 돕습니다. 이를 자기평가라고 말합니다. 이러한 자기평가 결과를 바탕으로 적절한 의사결정을 할 수 있도록 지원합니다.

1. 자기평가

먼저 앞서 꾸준히 작성한 체크리스트 등 자기 점검 양식과 최종적인 수행 결과물을 확인하여 자신의 목표에 관한 성취 정도를 기록해갈 수 있도록 도움을 줍니다. 다음으로 자폐 스펙트럼 청소년이 자신의 실제 성취 정도와 목표 달성을 위해 필요한 정도를 비교해 볼 수 있도록 도와줍니다. 예를 들어, 목표를 초과로 달성하고 있거나, 목표에 맞추어 잘 나아가고 있거나, 다소 부족하거나, 상당히 부족하다 등으로 평가해보도록 지원합니다.

2. 의사결정

앞서 자기 평가한 결과를 바탕으로 의사결정을 해볼 수 있도록 합니다. 목표를 초과 달성하였다면, 충분한 보상을 자신에게 주도록 한 뒤 다음부터는 협의를 통해 목표를 좀 더 높여 잡을 수 있습니다. 목표에 맞게 달성되었다면 이에 합당한 미리 약속된 보상을 자신에게 줄 수 있도록 안내합니다. 만약 그렇지 않은 경우라면, 목표나 계획을 조정해야 하는지 혹은 그대로 유지하되 기간만 조금 더 연장하면 될지를 자료를 기반으로 결정할 수 있도록 충분하게 지원합니다.

자기결정 교수학습모델의 진행 과정을 예를 들어 보겠습니다. 먼저 어떠한 몇 주 혹은 몇 개월 정도의 교육적이거나 일상생활에서의 목표를 자신의 강점과 능력치를 고려해서 최대한 스스로 정해볼 수 있도록 지원합니다. 예를 들면, '지금부터 1개월 안에 3kg 이상의 체중을 감량한다.'라는 목표를 자폐 스펙트럼 청소년과 함께 세울 수 있습니다.

다음으로, 이러한 목표를 성취하기 위한 수행(학습) 계획을 현실적인 측면을 고려해서 세울 수 있도록 합니다. 예를 들어, '매일 식사량을 현재의 3/4 이하로 줄이고, 주5일 이상 1시간 이상 중강도 이상의 운동을 수행한 뒤 달성 여부를 기록한다. 그리고 2일에 한 번씩 아침에 체중을 측정하여 기록한다.'' 등과 같은 세부적인 계획을 세울 수 있습니다. 그리고 이러한 계획을 꾸준히 실천에 옮길 수 있는 유인책(보상)과 수행 결과의 기록 방법, 계획을 상기하는 방법(예: 스마트폰 화면에 표시하기) 등도 함께 계획할 수 있습니다.

계획이 세워진 뒤에는 이를 실천에 옮길 수 있도록 돕습니다. 그리고 실천에 옮기는 과정을 기록지(체크리스트)에 스스로 기록할 수 있도록 돕습니다. 예를 들어, 식사를 3/4만큼만 먹었는지 매 식사 끝에 기록하고, 매일의 운동 목표량을 달성했는지를 간단하게 기록하게끔 가르칩니다. 계획대로 수행했을 때는 아주 크지 않은 적절한 보상을 받게끔 할 수도 있습니다. 반대로 계획대로 수행하지 못했을 시에는 적절한 개입을 통해 피드백을 줄 수 있습니다. 또 체중 감량 정도를 확인하기 위해서 체중을 기록하도록 합니다. 이때 그래프로 그리면 좀 더 시각적으로 보기 편리하면서도, 내적인 동기유발 효과를 높이는 방법이 될 수 있습니다. 가정의 잘 보이는 곳 혹은 개인 공간에 이러한 기록지(체크리스트)나 그래프를 크게 붙여두고 기록하도록 하는 것도 좋은 방법이 될 수 있습니다.

마지막으로 평가 및 조정 단계에서는 그간 수행 과정을 기록한 기록지나 체크리스트, 그래프 등을 바탕으로 계획의 이행 정도와 목표 달성 여부를 스스로 평가하도록 돕습니다. 이러한 평가 결과를 바탕으로 목표 달성 정도에 따라 의사결정이 이루어질 수 있도록 지원합니다. 예를 들어, 체중 감량이라는 목표를 달성했는지를 확인하고, 적절한 체중 감량이 이루어졌다면 약속된 보상을 자신에게 줄 수 있도록 돕습니다. 만약 목표로 한 체중 감량이 이루어지지 않았다면, 계획된 대로 운동과 식사량 조절을 했는지 함께 확인합니다. 이를 바탕으로 목표 정도나 운동량, 기간 등을 수정할 수도 있습니다.

자기결정 교수학습모델이라는 이름이 거창해서 그렇지만, 사실 많은 사람은 일상생활 중에 머릿속에서 이러한 생각을 하면서 목표를 설정하고, 이에 따른 계획을 수립하며, 실행하고, 성찰하는 과정을 거칩니다. 이러한 과정을 능숙하게 잘해 나가는 사람을 자기 주도적 학습 능력이 뛰어난 사람이라고 부를 수 있습니다. 자폐 스펙트럼 청소년에게 자기결정 교수학습모델을 적용할 때, 초기에는 너무 거창한 목표, 달성 기간이 장기간 걸리는 목표를 설정하는 것은 적절하지 않습니다. 처음에는 몇 시간에서 하루 혹은 며칠 정도, 조금 나중에는 1주일에서 2주일 정도면 달성할 수 있는 학습이나 일상생활에서의 목표를 설정해서, 이를 성취하고 보상을 받는 경험을 자주 갖게끔 하면서 점차 조금씩 더 장기간 꾸준히 수행해야 달성할 수 있는 목표로 나아가는 것이 필요합니다.

제8장

문해력 향상을
지원하기 위한 팁

인지적 능력이나 사회적 발달 등의 차이로 인해서 자폐 스펙트럼 청소년들에게 문해력을 가르치기 위해서는 좀 더 세심하고 특별한 관심을 기울일 필요가 있습니다. 특히 비장애 또래들과 같은 방법만으로는 문해력 향상의 정도가 부족할 수 있어 좀 더 체계적인 교수학습 전략을 활용해야 할 수 있습니다. 지금부터는 가정과 학교에서 자폐 스펙트럼 청소년의 문해력 발달을 촉진하기 위해서 활용할 수 있는 몇 가지 전략에 대해서 간략하게나마 살펴보겠습니다. 다만 문해력 발달에 관해서는 여러 패러다임에 입각한 교수학습 전략이 있으며, 그 내용도 방대한 만큼, 관련 서적을 활용한 추가 공부가 필요하다는 점은 꼭 참고해주시기 바랍니다.

1. 자폐 스펙트럼 청소년이 가지고 있는 특별한 흥미 요소를 활용합니다.

꾸준한 독서는 문해력 향상에 있어서 가장 중요합니다. 따라서 독서량을 늘리고 독서 습관을 기르도록 하는 일은 비단 자폐 스펙트럼 청소년이 아니라도 모든 학습자에게 있어 문해력 향상에 꼭 필요합니다. 그렇다면 어떻게 자폐 스펙트럼 청소년이 독서에 흥미를 느끼고, 좋은 독서 습관을 갖도록 할 수 있을까요. 어쩌면 당연한 말일 수도 있지만, 이들의 특별한 흥미 요소를 반영한 책 선정이 무엇보다 중요할 수 있습니다.

자폐 스펙트럼 청소년은 대부분 자신만의 특별한 흥미 요소를 가지고 있습니다. 자동차나 기차 등 대중교통 수단에 흥미가 있는 경우, 특정 장르의 만화나 애니메이션에 흥미가 있는 경우, 공룡이나 동물에 흥미가 있는 경우 등 다양합니다. 부모님이나 선생님은 이들이 이미 흥미를 보이는 주제를 다루는 책을 문해력 증진을 위한 도구로 사용할 수 있습니다. 어쩌면 당연한 이야기지만, 이러한 책은 독서에 대한 내적인 동기를 이끌 수 있으며, 나중에는 더 넓은 주제로의 확장을 유도할 수도 있습니다. 더불어, 흥미 요소를 반영하고 있는 최대한 다양한 읽기 자료를 준비하고, 이 중에서 자신이 읽고 싶은 책을 선택해보는 기회를 자주 제공하면 자폐 스펙트럼 청소년 스스로 활동에 적극적으로 참여하고 있다는 생각을 가질 수도 있습니다.

제 경험을 예로 들면, 지적장애를 동반하지 않은 비교적 지적 능력 수준이 높은 자폐 스펙트럼 청소년을 대상으로 국어를 가르칠 때, 교재로 교과서가 아닌 이 학생이 평소에 흥미를 보이는 '농구'에 관한 글을 교재로 사용한 적이 있습니다. 물론 어려운 어휘나 문장은 대체하거나 문장을 짧게 나누는 등 수정 작업을 거친 뒤에 활용하였습니다. 농구 규칙을 담은 짧은 글부터, 나중에는 농구 만화인 '슬램덩크'의 일부를 발췌하여 교재로 사용하기도 했습니다. 이러한 교재를 사용했을 때 교과서를 활용해서 국어를 가르칠 때보다 더 수업에 집중하는 모습을 확인할 수 있었습니다.

2. 읽기 전에 사전 지식을 충분히 활성화하고, 배경 정보를 형성합니다.

어떠한 주제의 글을 읽기 전에 그 주제에 대한 사전 지식이나 배경지식을 어느 정도 갖추고 있다면, 글을 이해하는 데 큰 도움이 됩니다. 부모님이나 선생님은 자폐 스펙트럼 청소년이 글을 읽기 전에 주제와 관련된 동영상이나 그림 자료 등을 볼 수 있도록 하여, 배경 정보를 형성하게끔 도울 수 있습니다. 유튜브나 다른 동영상 시청 사이트에 업로드된 수많은 동영상을 활용할 수 있을 것입니다. 이외에도 글의 주제와 관련된 핵심 어휘는 글을 본격적으로 읽기 전에 미리 가르치는 게 좋습니다. 이때 핵심 어휘를 단어[어휘] 카드로 만들어주거나, 함께 만들어보는 과정을 거친 후 필요할 때마다 활용하게 한다면, 더욱 효과적인 문해력 학습을 이끌 수 있습니다. 이렇게 만들어진 단어 카드는 주기적으로 어휘를 반복 학습하는 과정에서도 유용하게 사용할 수 있습니다. 또 설명이나 그림 자료 등으로 주제를 미리 어느 정도 안내하는 방식 등으로 글과 관련된 배경지식을 얻도록 돕기도 합니다.

앞면	
단어 명칭	(유추할 수 있는) 그림(사진)
청소년	

뒷면	
단어 뜻	다른 단어와의 관계(그래픽 조직자)
어린이와 청년의 중간 시기이다. 상황에 따라 다르지만, 흔히 초등학교 고학년생부터 고등학생까지를 말한다.	어린이 ➡ **청소년** ➡ 청년(성인)

3. 시각적 지원(visual support)을 활용합니다.

앞서 말씀드린 대로, 자폐 스펙트럼 청소년의 대부분은 시각적 학습자입니다. 시각적으로 단순화하여 제시되는 정보를 말이나 글보다 더 효율적으로 받아들일 수 있습니다. 부모님이나 선생님은 문해력 교재로 페이지별로 글과 그림 또는 일러스트가 적절한 비율로 배분된 책을 선정하는 게 좋습니다. 그림의 양은 인지적 능력 등에 따라서 달라질 수 있습니다. 또 읽고자 하는 글에 대한 구조나 기본적인 정보가 시각적으로 한눈에 보기 쉽게 정리된 그래픽 조직자(graphic organizer)를 읽기 전, 중, 후에 걸쳐 도움 자료로 활용한다면, 글의 이해를 좀 더 도울 수 있습니다. 그래픽 조직자의 예는 앞서 Ⅰ 파트에서 설명하였습니다. 흔히 사용하는 파워포인트(PowerPoint)의 '스마트아트(SmartArt)' 기능을 사용하면, 다양한 유형의 그래픽 조직자를 쉽게 만들어서 활용할 수 있습니다. 더 나아가 가능하다면 자폐 스펙트럼 청소년 스스로 도움을 받아 글의 이해를 돕기 위한 시각적인 그래픽 조직자를 만들어보도록 가르칠 수도 있습니다.

〈그림〉 파워포인트의 스마트아트 기능 화면(다양한 유형의 도식 활용 가능)

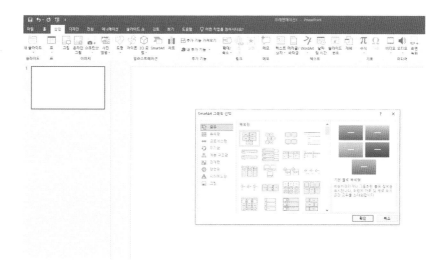

4. 과제를 난이도에 따라 적절하게 배분합니다.

부모님이나 선생님은 높은 수준의 읽기 능력을 요구하는 책, 중간 수준의 읽기 능력을 요구하는 책, 그리고 반대로 비교적 쉽고 재미있게 읽을 수 있는 책(예: 만화책, 컴퓨터 게임 등 시각물이 많은 책)을 적절하게 번갈아 가면서 교재로 사용할 수 있습니다.

5. 책 이외에도 활용 가능한 모든 자원을 사용합니다.

당연한 말이지만 글자는 꼭 책에만 있는 게 아닙니다. 이 세상에는 수많은 읽을거리가 있습니다. 이러한 모든 읽을거리는 문해력 향상을 위한 교재가 될 수 있습니다. 너무 비교육적이지 않은 온라인 게임, 글자가 사용되는 보드게임(예: 정고 게임, 부루마블 등의 미션 카드 읽기 활동이 포함된 게임 등), 만화책, 잡지, 신문, 포털 사이트에서 찾아볼 수 있는 관심 있는 주제에 관한 온라인 콘텐츠, 공원이나 식당에서의 각종 글자, 좋아하는 노래 가사 등 수많은 자원이 문해력 향상을 위한 교재가 될 수 있습니다.

6. 책을 자주 읽어 주고, 사고 과정을 소리 내어 말해줍니다.

여러 연구에서는 자폐인들이 어떤 다른 사람을 자신이 수행하려는 행동에 대한 모델로서 활용할 때 여러 가지 장점이 있다고 말하고 있습니다. 쉽게 말해서 자주 시범을 보여주는 일이 이들의 학습에 참 중요하다는 말입니다. 청소년기에 접어들었다고 하더라도, 부모님이나 선생님이 책을 소리 내어 읽어주는 것은 자폐 스펙트럼 청소년의 문해력 발달, 그중에서도 유창성 향상에 많은 도움이 됩니다. 또 읽기 수준의 제한으로 인해서 자기 스스로 이해하기 힘든 자료를 이해하도록 지원할 수 있습니다. 부차적으로 글을 읽어주면서 억양, 감정표현 등에 대한 학습도 함께 이루어질 수 있습니다.

글을 읽어 주는 과정이 어느 정도 진행되면, 특별히 가르치고 싶은 특정 문장을 반복해서 시범 보여줄 수 있습니다. 또 어른과 청소년이 함께 번갈아 가면서 혹은 합창 방식으로 글을 읽어볼 수도 있습니다. 이후에는 자폐 스펙트럼 청소년이 글을 읽도록 하되, 잘 못 읽는 부분이 생길 때마다 바로바로 피드백해주어 수정할 수 있도록 도울 수 있습니다. 오류가 적어지면 글을 처음부터 끝까지 읽어보도록 한 뒤, 수정할 부분을 나중에 모아서 이야기해줄 수도 있을 것입니다.

이와 더불어, 부모님이나 선생님은 자폐 스펙트럼 청소년에게 글을 읽어줄 때 글을 이해하는 과정에 필요한 사고 과정을 소리 내어 말해줄 수 있습니다. 이걸 think-aloud (소리 내어 생각하기) 전략이라고 말합니다. 이 전략을 활용한다면, 주기적으로 글 읽기를 잠시 멈추고, 글에 관한 생각이나 이러한 생각을 하게 된 과정을 이야기합니다. 자폐 스펙트럼 청소년이 주도적으로 글을 읽을 차례가 되었을 때는 부모님이나 선생님이 글을 읽고 이해하기 위해서 생각했던 방법을 예시로 따르도록 격려할 수 있습니다.

7. 자주 질문하고, 다시 읽고 다시 말하게 합니다.

글을 읽어주거나, 자폐 스펙트럼 청소년이 스스로 글을 읽을 때 중간에 잠시 멈추고 글의 내용과 관련된 질문을 하고 이들이 답한 내용에 대해서 피드백을 제공하여 글에 대한 이해력 향상에 도움을 줄 수 있습니다. 예를 들어, 이야기책을 읽어주는 상황이라면, 인물의 감정이 어떠할지 질문하고 답을 들어볼 수 있습니다. 해당 글에 대한 읽기가 어느 정도 진행되면 지금까지 읽은 내용에 관해서 물어보는 질문을 육하원칙에 맞추어서 구체적으로 물어볼 수 있습니다. 보통 '누가', '언제', '어디서', '무엇을'에 관한 질문은 비교적 쉬운 질문이 될 수 있으며, '어떻게' 그리고 '왜'에 관한 질문은 어려운 질문이 될 수 있습니다. 따라서 육하원칙을 활용하여 질문할 때도 난이도를 고려해서 차근차근 질문하고 답변에 대한 피드백을 제공할 수 있습니다.

한편, 우리는 보통 한 번 읽은 책은 다시 읽지 않는 때가 많지만, 문해력 증진의 목적이라면 같은 글을 여러 번에 걸쳐 반복해서 읽고, 읽은 내용에 관해서도 다시 말해보도록 하는 활동이 필요할 수 있습니다. 이러한 반복 읽기와 반복해서 정리하는 말하기를 해보는 습관은 자폐 스펙트럼 청소년의 문해력을 높이는 데 효과적입니다.

8. 적절한 보상을 사용해서 읽기를 격려합니다.

적절한 보상의 제공은 목표로 하는 행동을 증가시키는 데 효과적입니다. 유아기뿐만 아니라 성인이 되어서도 효과적으로 활용될 수 있습니다. 다만 물질적인 보상은 차츰 줄여가면서, 글을 읽는 과정 자체에 동기를 얻을 수 있도록 앞서 설명한 방법 등을 활용해서 노력할 필요가 있습니다. 또 구체적으로 칭찬하고 격려하는 일종의 사회적 강화를 자주 해주는 것도 중요합니다.

9. 적절한 읽기 학습 환경을 구성합니다.

만약 자폐 스펙트럼 청소년이 읽기 학습 시간을 적절하게 유지하는 데 어려움을 보인다면, 먼저 읽기 학습을 진행하는 환경이 너무 집중력을 분산시키지는 않는지 확인할 필요가 있습니다. 예를 들어, 시끄럽거나, 움직이는 사물이 있거나, 특이한 냄새가 나거나, 혹은 조도가 너무 어둡거나 밝은 환경은 당연하지만 읽기 학습에 적절하지 않습니다. 사실 당연한 말이지만, 실제 교육 현장이나 가정 상황에서 이러한 부적절한 읽기 학습 환경을 종종 볼 수 있기에, 세심한 관찰이 필요할 수 있습니다.

또 가리키기, 그리기 또는 특정 단어나 문장을 강조하기 등 여러 방법을 통해서 자폐 스펙트럼 청소년이 읽기 과정에서 상호작용이 이루어질 수 있도록 노력합니다. 그리고 이야기 내용이나 장면에 관해서 역할 놀이 또는 일종의 연극 형태의 놀이를 해보는 것도 좋은 방법이 될 수 있습니다. 이러한 방법을 통해 인물 성격의 특징이나 전체적인 이야기 구성을 이해하는 데 도움을 줄 수 있습니다. 더불어, 신체적인 움직임을 충분히 허용할 수 있게 되어, 집중도 향상에 도움을 줄 수 있다는 점도 생각해볼 필요가 있습니다.

제9장

수학적 능력 향상을 지원하기 위한 팁

수학적 능력은 학업 측면에서도 중요하지만, 생활인으로 일상생활을 살아가는 데에도 핵심이 되는 기능적 기술을 포함하고 있습니다. 특히 실제 생활 환경에서 사용되는 기술로서 돈 사용하기, 시간 말하기, 도구를 이용한 간단한 측정, 단위 변환 등의 기술은 꾸준하게 가르칠 필요가 있는 중요한 기술입니다. 또 교과적인 측면에서도 간단한 덧셈과 뺄셈부터 시작해서 곱셈과 나눗셈, 방정식, 분수 개념, 도형 이해, 길이나 면적 또는 무게의 측정, 그리고 수치 자료를 표로 만들고 이를 그래프로 바꾸어 표현하고 해석하는 역량 등을 포함하는 기본적인 수학적 능력은 단순히 학업적인 측면을 넘어서서 삶을 더욱 능숙하게 살아가도록 돕는 도구가 됩니다.

자폐 스펙트럼 청소년을 대상으로 이루어진 수학적인 교육 방법에 관한 연구는 아직 다른 영역에 비해서 비교적 그 수가 많지 않지만, 최근 들어 꾸준히 이루어지고 있습니다. 기본적인 수학적 능력이 자폐 스펙트럼 청소년의 삶에 중요한 요소가 될 수 있기 때문입니다. 이 장에서는 지금까지의 연구를 통해서 자폐 스펙트럼 청소년의 학습적 특성을 반영하였을 때, 수학적 능력 향상에 효과적이라고 볼 수 있는 교육적 지원 방법에 대해서 간단하게 살펴보겠습니다. 미국 벤더빌트(vanderbilt) 대학교의 사범대학인 피바디(peabody) 대학에서 운영하는 IRIS 센터 자료와 관련 연구 논문을 참고한 내용입니다.

〈표〉 자폐 스펙트럼 청소년의 수학적 능력 향상을 위한 교육적 지원 방법

순	교육적 지원 방법
1	명시적 · 체계적으로 가르치기
2	시각적 지원 활용하기: 시각적 표상
3	도식을 기반으로 문장제 문제 해결 돕기
4	초인지(meta-cognition)를 활용하도록 가르치기

* 좀 더 자세한 내용은 저자의 블로그 또는 2020년에 출판한 책 〈발달장애 학생을 위한 특수교육 중재 제2판〉이나 다른 전문 서적을 통해서 학습하시기를 추천합니다.

1. 명시적 체계적으로 가르치기

명시적 · 체계적으로 가르친다는 것은 어떠한 의미일까요. 명시적이라는 말은 '명확하게'라는 말로 이해하면 좋을 것 같습니다. 어떠한 수학적인 개념이나 지식을 명확하게 설명하고 보여준다는 의미로 말입니다. 또 체계적이라는 말은 교수학습의 과정이나 순서가 짜임새를 갖추고 미리 계획되어 있으며, 구조화되어 있다는 의미라고 볼 수 있습니다. 그래서 명시적 · 체계적인 교수는 고도로 구조화되고 체계적인 순서에 따라 특정 개념이나 기술을 명확하게 가르치는 것으로 정의할 수 있습니다.

명시적·체계적인 교수는 사실 자폐 스펙트럼 이외에도 많은 장애 영역, 그리고 장애의 유무를 떠나서 일반적인 지적 능력이 있는 학생들에게도 다양한 교과 영역에서 효과적인 방법입니다. 또 최근에 이루어진 많은 연구에서는 이 방법으로 수학적 개념이나 기술을 가르치는 것이 자폐 스펙트럼 청소년의 수학적 능력 향상에 효과적이라고 언급하고 있습니다. 지금부터는 명시적·체계적 교수의 주요한 요소에 대해서 살펴보겠습니다.

① 학습자의 학습적 요구를 반영하여 중요한 내용을 교육목표로 선정합니다.

② 선행기술, 현재 학습(수행) 능력 등을 전반적으로 고려해서 논리적으로 교육 내용 순서를 정합니다. 어려운 것보다 쉬운 것을 먼저 가르치고, 실생활이나 학습 장면에서 사용 빈도가 낮은 것보다는 높은 것 먼저 가르칠 수 있습니다.

③ 복잡한 기술과 전략을 한 회기에 가르칠 수 있을 만큼 더 작은 단위로 나눕니다. 스몰 스텝으로 차근차근 하위 단계를 한 계단씩 밟아가는 이러한 방법을 과제분석이라고 말합니다. 과제분석에 대한 더욱 자세한 내용은 다음 장을 참고하시기 바랍니다.

④ 교육목표를 명확하게 설정하고 학습자에게 충분하게 안내합니다. 교육목표는 성취 기준을 포함하고, 구체적이고 가능한 어떠한 행동으로 드러날 수 있도록 세웁니다. 예를 들어, '~을 알 수 있다.' 보다는 '쓸 수 있다.' 또는 '발표할 수 있다.' 혹은 '~을 계산할 수 있다.' 등과 같이 학습을 통해 알게 된 내용을 표현하도록 목표를 수립함으로써, 직접적이고 객관적인 평가가 가능하게 합니다.

⑤ 교육을 시작하기 전에 사건 기술과 지식을 충분히 복습하도록 합니다. 전 차시 학습 내용에 대한 충분한 복습을 제공할 수 있습니다. 전 차시 상기는 대충 한번 말하고 넘어가는 수준을 넘어서서 충분하게 다시 설명하고, 잘 배웠는지

질문이나 간단한 평가를 통해서 점검할 수 있습니다.

⑥ 개념이나 절차를 하위 단계별로 차근차근 설명하면서 가르칩니다. 내용 요소별, 하위 단계별로 딱딱 끊어가면서 명확하게 설명과 시범을 제시하는 게 가장 효과적이라고 알려져 있습니다. 그리고 하위 단계마다 질문을 통해서 학습 정도를 점검할 수 있습니다.

⑦ 명확하고 간결한 언어를 사용해서 피드백을 제공합니다. 잘했을 때는 구체적으로 잘한 내용을 언급하면서 칭찬합니다. 반대로 실수가 있을 때는 어떤 점에서 실수가 있었는지 간략하게 설명하고 시범을 제공하여 다시 해보도록 지도할 수 있습니다. 다만 잘못한 부분을 책망하는 식의 언급은 적절한 피드백이라고 볼 수 없다는 점도 꼭 기억해야 합니다.

⑧ 해당 개념에 해당하는 사례와 그렇지 않은 사례를 충분히 제시하여 구별하도록 지원합니다. 예를 들어 덧셈 문장제 문제를 가르친다면, 덧셈을 사용해야 하는 문장제 문제 예시와 다른 셈을 해야 하는 문장제 문제 예시를 충분하게 제시하여 스스로 구별하고 개념을 형성하도록 돕습니다.

⑨ 안내된(guided) 연습 기회 제공하기: 처음 연습할 때는 옆에서 지켜보면서 실수가 있을 때 혹은 잘 모르는 것으로 보일 때마다 충분한 긍정적 피드백을 제공합니다. 마치 여행지에서 하나하나 설명해주고 도움을 주는 '가이드'처럼 말입니다. 그리고 시간이 지남에 따라 점차 학습자가 더 잘 수행하게 되면서 피드백의 양과 강도를 낮출 수 있습니다.

⑩ 자주 질문해서 이해 정도를 점검해야 합니다. 배운 내용을 자주 질문해서 높은 수준의 학생-교사 간 상호작용을 유도합니다. 또 자주, 편하게 응답하도록 말 이외에도, 화이트보드에 글을 쓰거나 그림을 그리는 방식의 응답, 그리고 O/X카드 같은 여러 상징 카드를 미리 제공한 뒤 이를 활용하는 방식의 응답 등 다양한 대안적인 수단을 활용할 수 있습니다.

⑪ 지식을 시각적으로 조직화할 수 있도록 돕습니다. 예를 들어, 앞서 말씀드린 그래픽 조직자 등의 시각적 지원을 활용할 수 있습니다.

⑫ 독립적인 연습과 누적된 연습 기회를 제공합니다. 앞선 안내된 연습을 통해서 개념이나 지식에 익숙해지면, 이번에는 독립적으로 연습하도록 기회를 제공합니다. 이때 피드백은 연습이 마무리되면 모아서 해주는 방식으로 진행할 수 있습니다. 또 이전에 배운 개념이나 지식과 새로 배운 것을 모두 다루도록 하는 누적된 반복 연습 기회를 꾸준히 제공하여, 학습한 개념이나 지식을 잊지 않도록 지원합니다.

내용을 보시면 알겠지만, 명시적·체계적인 교수는 사실 지금까지 그리고 이후에 자폐 스펙트럼 청소년을 가르치고 지원할 때 필요한 내용과 크게 다르지 않습니다. 다만 그런 내용을 일반적인 수업 순서에 맞게끔 구조화해서 제시하고 있다고 이해하면 좋겠습니다. 참고로 과제분석이나 피드백의 제공 방법 등에 관한 더욱 자세한 내용은 다음 장인 〈일상생활에서의 독립적 수행을 지원하기 위한 팁〉을 참고하기를 바랍니다.

2. 시각적 지원 활용하기: 시각적 표상(visual representation)

자폐 스펙트럼 청소년이 추상적인 수학적 개념과 기술을 배우고 문제를 해결하도록 돕는 또 다른 효과적인 방법은 시각적 표상입니다. 시각적 표상은 도식적 표상, 도식 다이어그램이라고도 불리는데, 주어진 문제에서의 수학적 양과 관계에 대한 정확한 묘사를 시각적으로 제시합니다. 시각적인 묘사를 통해서 부모님과 선생님은 자폐 스펙트럼 청소년이 명확하게 문제를 이해하고, 해결하도록 도울 수 있습니다. 시각적 표상을 사용하는 예는 다음과 같습니다. 보통 처음에는 이러한 표상을 먼저 제공하고, 차츰 스스로 적절한 표상을 만들거나 그려보도록 가르칠 수 있습니다.

〈표〉 시각적 표상의 예(또는 설명)

순	명칭	예시
1	숫자선	-5 -4 -3 -2 -1 0 1 2 3 4 5
2	다이어그램	1/3 1/3 1/3
3	그림	●● + ●●● =
4	그래프/차트	
5	도표조직자	– 어떠한 수학적 개념을 구별하도록 도표로 제시합니다. – 예를 들어, 삼각형의 종류를 구별하도록 돕기 위해서 다양한 삼각형의 종류를 간단한 설명과 그림으로 제시하고 있는 표를 만들어 활용하도록 할 수 있습니다.
6	구체물 (조작물)	– 학습자 수준에 따라 실제로 만지고 조작할 수 있는 물건인 ① 구체물 → 간단한 그림을 그리는 등의 방법을 활용하는 ② 반구체물(표상물) → 숫자를 그대로 사용하는 ③ 추상물을 활용하는 순서로 수학적인 개념을 가르칠 수 있습니다.

3. 도식(schema)을 기반으로 문장제 문제 해결 돕기

문장제 문제를 해결하도록 가르치는 일은 아주 중요합니다. 문장제 문제에 대한 지도가 곧 일상생활에서 수학적인 개념이나 지식, 기술을 활용하도록 하는 것으로 연결될 수 있기 때문입니다. 그런데 문장제 문제 해결을 가르칠 때 가장 어려운 점은 해당 문제의 유형을 파악하고, 적절한 식을 스스로 만드는 일입니다. 사실 그것만 할 수 있다면, 식을 푸는 과정은 그리 어렵지 않을 수 있습니다. 도식기반교수(schema-based instruction)는 이같이 문장제 문제를 해결하는데 가장 어려운 지점은 문제 유형 파악 및 식을 만드는 과정에 시각적인 단서를 제공하는 방법입니다. 쉽게 말해서, 문장제 문제를 좀 더 쉽게 해결하도록 해당 문장제 문제에 해당하는 시각적인 도식(schema)을 제공하고, 이 도식을 기초로 문제를 해결하도록 지원합니다.

가. 문장제 문제의 구조

자폐 스펙트럼 청소년이 더 유능하게 문장제 문제를 해결하도록 돕기 위해서 부모님과 선생님은 도식을 통해 문제의 구조를 이해하도록 돕습니다. 여기서는 덧셈, 뺄셈, 곱셈, 나눗셈을 활용하는 문장제 문제에 주로 사용되는 기본적인 도식 예를 살펴보도록 하겠습니다. 여기서 설명하는 도식은 하나의 예로 문제 유형에 따라 변형하거나 적절하게 보완하여 사용할 수 있습니다.

〈표〉 문장제 문제 도식의 예

계산	명칭	문제 예시	도식 예
덧셈 뺄셈	총합형 (+)	사과 2개와 감 3개를 더하면 모두 몇 개인가요?	
	차이 비교형 (−)	감 5개와 사과 2개가 있습니다. 감이 몇 개 더 많나요?	큰 수 — 작은 수 = 차이
	변화형 (+,−)	사과 5개가 있는데, 친구가 2개를 더 주었습니다(또는 먹었습니다). 지금은 몇 개인가요?	처음 수 ➡ +/− 변화량 ➡ 최종값
곱셈 나눗셈	기본형	곱셈: 사과 3개가 한 봉지에 들어 있습니다. 모두 세 봉지가 있다면, 사과는 모두 몇 개인가요?	〈곱셈 개념이 아직 부족한 경우〉
		철수는 사과 3개를 가지고 있습니다. 영희는 3배 더 많이 가지고 있습니다. 영희의 사과는 몇 개인가요?	〈곱셈 개념이 갖춰진 경우〉 ○ x ○ = ○
	배수비교형	5분에 한 번씩 종이 울리는 시계가 있습니다. 50분 동안에는 몇 번의 종이 울렸을까요?	비교값 / 기본값 = 비율
	변이형	철수는 5km를 60분만에 걸었습니다. 같은 속도로 걷는다면, 4km는 얼마나 걸릴까요?	□ □ = □ □

나. 도식을 이용하여 문장제 문제의 해결 돕기

부모님이나 선생님은 먼저 자폐 스펙트럼 청소년에게 서로 다른 문제 유형을 구별하도록 가르치고, 도식 안에 문제를 통해 얻은 정보를 넣는 연습을 충분히 합니다. 다음으로 문제를 해결하는 방법을 가르칩니다. 가장 먼저 ① 문제를 읽도록 하고, ② 문제 유형을 구별하게 합니다. 다음으로 ③ 문제 유형에 일치하는 도식을 선택한 뒤 문제의 정보를 옮겨 넣도록 합니다. 처음에는 도식 양식을 제공해주다가 차츰 스스로 도식을 만들어보도록 합니다. 마지막으로 ④ 도식을 활용해서 연산 과정의 각 하위 단계를 거쳐 문제를 해결하도록 합니다. 이러한 문제해결 과정을 통해서, 부모님과 선생님은 자폐 스펙트럼 청소년에게 문제를 해결하는 방법에 대해서 논의하는 질문을 꾸준히 하고, 응답을 격려해야 합니다. 또 보통 하나의 도식을 습득하고 숙달하였을 때, 다른 문제 유형과 그 도식에 대한 학습을 시작하도록 합니다. 이러한 방법을 통해 학습 과정에서의 혼동 가능성을 줄여줄 수 있습니다.

다. 수정된 도식기반교수(Modified Schema-Based Instruction)

인지적인 어려움이 더 큰 자폐 스펙트럼 청소년을 대상으로 앞서 설명한 도식기반교수를 적용할 때는 이들의 학습 능력을 고려하여, 약간의 수정을 할 수 있습니다. 이러한 수정을 포함한 방법을 수정된 도식기반교수라고 부르기도 합니다. 수정된 도식기반교수에서는 먼저 ① 문제를 읽고 이해하는 데 어려움을 느낀다면, 부모님이나 선생님이 대신 읽어주거나 함께 읽는 등의 지원을 제공할 수 있습니다. ② 도식은 스스로 그려보도록 하지 않고, 먼저 제시하여 식을 만들도록 지원합니다. ③ 만들어진 식을 해결하는 과정에서는 하위 단계를 나누어서(과제를 분석해서) 단계별로 순서대로 명시적, 체계적으로 가르칩니다. 이때 다음 장에서 설명하고 있는 촉진(도움, 지원)을 점차 줄이는 최소촉진체계 또는 시간지연 등의 교수학습 전략을 사용할 수 있습니다. 이 방법에 대한 자세한 내용은 다음 장을 참고하기 바랍니다. 한편, 마지막으로 ④ 배우게 된 문장제 문제 유형을 일상생활에서의 관련된 문제 상황에서도 활용하도록 일반화 기회를 제공합니다.

〈표〉 수정된 도식기반교수의 진행 과정

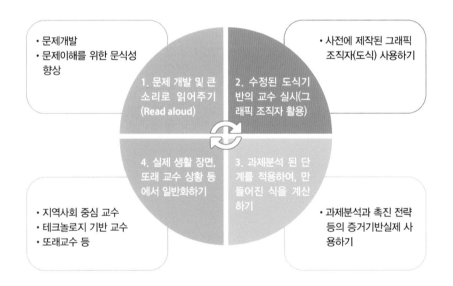

• 문제개발
• 문제이해를 위한 문식성 향상

1. 문제 개발 및 큰 소리로 읽어주기 (Read aloud)

2. 수정된 도식기반의 교수 실시(그래픽 조직자 활용)

• 사전에 제작된 그래픽 조직자(도식) 사용하기

4. 실제 생활 장면, 또래 교수 상황 등에서 일반화하기

3. 과제분석 된 단계를 적용하여, 만들어진 식을 계산하기

• 지역사회 중심 교수
• 테크놀로지 기반 교수
• 또래교수 등

• 과제분석과 촉진 전략 등의 증거기반실제 사용하기

수정된 도식기반교수는 일반적인 도식기반교수를 인지 또는 문해력의 문제로 적용하기 힘든 자폐 스펙트럼 청소년에게도 효과적으로 적용할 수 있는 문장제 문제 지도 전략입니다.

블로그 참고 자료

수학 문장제 문제 해결을 가르치기 위한, 아주 간단한 수정된 도식기반교수의 활용 예

https://blog.naver.com/bjs718/221926412920

4. 초인지(meta-cognition)를 활용하도록 가르치기

초인지(meta-cognition)는 메타인지나 상위인지라고도 불립니다. 초인지는 자기 스스로 자기 행동을 계획하고, 점검하며, 평가를 통해 적절한 피드백을 주는 일련의 과정을 말합니다. 보통 자기관리 전략이라고도 불리고, 자기 교수, 자기 점검, 자기평가, 자기강화 등의 과정을 포함합니다. 앞서 7장에서 살펴본 학습 목표를 스스로 결정하고, 이에 따른 계획을 세우며, 실행 과정에서 점검하고 평가하면서 필요할 경우 조정 과정을 거치는 자기결정 교수 학습모델도 메타인지를 활용하는 하나의 예라고 볼 수 있습니다. 수학 교과에서는 주로 문장제 문제를 해결하는 과정에서 과제나 활동을 수행하는 방법이나 과정을 스스로 말하면서 수행에 도움을 주는 자기 교수, 그리고 종종 체크리스트 등을 활용해서 자기 수행이 적절한지를 점검하는 자기 점검과 평가가 주로 사용됩니다.

부모님이나 선생님은 문제해결 과정에서 자폐 스펙트럼 청소년 스스로

자기 스스로를 가르치고, 자기 수행 과정을 점검하는 방법을 이해하도록 돕기 위해서 명시적이고 체계적으로 그 방법을 가르칠 수 있습니다. 그 과정은 다음과 같습니다.

① 문제를 해결하는 과정에서 자기에게 물을 수 있는 질문이나 단서의 리스트를 제공합니다. 예를 들어, 문장제 문제의 해결 과정을 스몰 스텝으로 과제분석하고, 단계별로 해야 할 행동을 글이나 그림으로 제시하는 도움 자료를 제공할 수 있습니다. 대부분 과정을 수행할 수 있지만 약간의 도움만 필요한 경우라면, '다음에는 무엇을 해야 할까?' 정도의 간접적인 단서만 제시할 수 있습니다.

② 이러한 질문이나 단서가 제시된 도움 자료를 실제로 사용하는 과정을 시범 보입니다. 이때 간단하게 진행 과정을 말로 이야기하면서 시범을 보일 수 있습니다.

③ 초인지 전략을 사용할 수 있는 충분한 연습 기회를 갖도록 하고, 필요한 경우에는 그때그때 명확한 피드백을 제공합니다. 자폐 스펙트럼 청소년이 각 하위 단계를 따라 말하도록 지도하면서 문제를 풀어보도록 지도합니다. 이후에는 스스로 소리를 내어 단계를 달하면서 문제를 풀도록 하고, 차츰 작은 목소리로 단계를 말하도록 합니다. 최종적으로는 소리 내지 않고 머릿속으로 하위 단계의 내용을 말하면서 문제를 해결하도록 합니다. 각 하위 단계를 좀 더 쉽게 외우도록 두문자법을 이용해 각 단계의 앞 글자를 따서 외우도록 도울 수도 있습니다.

④ 초인지를 활용하여 자기를 가르치고 점검하는 과정에 익숙해졌다고 판단되면, 독립적으로 전략을 사용하도록 격려합니다.

마지막으로 이러한 과정을 통해서 수학 문장제 문제 해결 과정을 가르친 예를 제시하면, 다음과 같습니다.

〈표〉 수학 문장제 문제 해결에 초인지를 활용하도록 가르친 예

□ 문제 : 사과 7개와 배 2개가 있다면, 과일은 총 몇 개인가요?

　　　※ 과제분석을 통한 하위 단계

　　　　－ 1단계 : 문제를 읽고, 더해야 할 숫자를 표시한다.

　　　　－ 2단계 : 더해야 할 숫자를 빈칸에 적어 수식을 만든다.

　　　　　＊ (7) + (2) = (   )

　　　　－ 3단계 : 각 숫자의 개수만큼 동그라미를 그려 넣는다.

　　　　－ 4단계 : 그려진 동그라미를 모두 센다.

　　　　－ 5단계 : 모두 세서 나온 수를 정답 칸에 적는다.

먼저 부모님이나 선생님은 ① 큰 소리로 문제 푸는 단계를 말해가면서 시범을 보입니다. 다음으로 ② 학생이 큰 소리로 단계를 따라 말하도록 지도하면서, 문제를 풀어보도록 지도합니다. 그리고 ③ 학생 스스로 큰 소리로 단계를 말하면서 절차에 맞게 문제를 풀어보도록 합니다. 그 이후에는 ④ 점차 작은 목소리로 단계를 말하면서 문제를 풀어봅니다. 마지막으로 ⑤ 소리 내지 않고 마음속으로 단계를 말하면서 문제를 풀어보도록 할 수 있습니다. 각 단계를 좀 더 쉽게 외울 수 있도록 '두문자법'을 이용해 각 단계의 앞 글자를 따서 '문더각그모'로 외우도록 지원할 수도 있습니다. 그런데 사실 앞 글자를 딴 것이 어떠한 단어가 되도록 하면 더욱 기억하기에 좋을 수 있지만, 우리나라 말은 그게 쉽지는 않습니다.

사실 자기 교수는 일상생활에서 사람들이 많이들 활용하고 있습니다. 다만, 자신이 자기 교수를 하고 있다고 생각하고 있지 않을 뿐입니다. 예를 들어, 운전을 처음 배울 때 종종 사람들은 은연중에 "먼저 안전띠를 매고, 브레이크를 밟은 뒤에, 시동 버튼을 누르고, 시동이 켜진 뒤에 사이드미러로 좌우를 확인하고 천천히 가속페달을 밟는다는 것"을 자기

말로 되뇌면서 행동을 수행하곤 합니다. 또 어떤 일을 실수했을 때, "이 실수는 별거 아니야. 다시 하면 돼." 혹은 "숫자를 잘못 섰네. 이건 틀린 게 아니야. 실수는 고치면 돼. 지우개로 답을 지우자. 볼펜이면 두 줄을 긋고 옆에 쓰자." 등과 같이 혼잣말로 자기를 가르치며 다독일 수 있습니다. 다만, 자폐 스펙트럼 등 발달장애 학생이 자기 교수를 활용하기 위해서는 앞서 설명된 부모님이나 선생님의 시범과 꾸준하고 체계적인 연습 과정이 포함되어야 할 뿐이라고 생각하시면 좋겠습니다.

* 출처: 발달장애 학생을 위한 특수교육 중재 제2판(변관석, 2020)

제10장

일상생활에서의 독립적 수행을 지원하기 위한 팁

일상생활 기술은 개인적인 위생과 건강을 위한 자조 기술, 가정에서의 생활 기술, 더 넓게는 지역사회에서의 생활 기술 등 일상생활을 살아가기 위한 다양한 기술을 포함하고 있습니다. 예를 들어, 가정생활 기술로는 음식 준비, 의복 정리, 세탁 등의 기술이 포함되며, 이외에 스케줄 관리, 금전 관리, 물건 구매 등 다양한 기술이 추가될 수 있습니다. 이 장에서는 일상생활에서의 독립적인 수행을 지원하기 위해서 활용될 수 있는 일상생활 기술 지도 방법과 내용에 관해서 간략하게 살펴보도록 하겠습니다. 일상생활 기술의 내용과 교육 방법과 관련된 더 자세한 내용은 2021년에 '이담북스'에서 개정판이 출판된 저자의 책 〈발달장애 청소년 자립생활 체계적으로 지원하기〉이나 저자 블로그 자료를 참고하시면 됩니다.

1. What: 무엇을 가르치고 지원해야 할까요.

일상생활 기술의 범주는 정말 다양할 수 있습니다. 어디까지 일상생활 영위를 위해 필요한 기술이라고 한정할 수 없습니다. 무엇보다 개개인이 사는 삶의 모습이나 장면이 다르기에, 더더욱 그렇습니다. 하지만 흔히 일상생활 기술이라고 하면 어떠한 범주가 있을지 생각해보면, 다음과 같은 영역이 포함될 수 있습니다.

○ 기초 생활 영역(자조 기술)

· 화장실 이용 기술: 소변보기, 대변보기, 요의 표현하기, 화장실 이용하기

· 음식 섭취 관련 기술: 숟가락 이용하기, 포크 이용하기, 젓가락 이용하기 등

· 기초적인 운동(대 · 소근육 활용) 기술: 이동, 계단 사용, 기초 도구 이용하기

· 착 · 탈의 관련 기술: 옷 입기, 옷 벗기, 옷 구별하기, 깨끗한 옷 구별하기 등

· 위생 관련 기술: 세수, 양치질, 머리 감기, 샤워 및 목욕, 손발톱 정리 등

· 기타 기초 생활 기술: 심부름, 가전기기 활용, 전화하기, 여행 짐 싸기 등

○ 가정생활 관련 영역

· 일반적인 주거 기술: 가전기기 활용, 도어락 사용, 계절별 침구류 교체 등

· 청소 기술: 청소도구 사용법 숙지, 방 청소, 욕실 청소, 분리배출 등

· 음식 준비 기술: 냉장 · 냉동 보관, 식사 준비, 즉석식품 조리, 음식 조리 등

· 세탁 기술: 세탁기호, 세탁 및 건조, 간단한 손빨래, 다림질, 옷 개기 등

· 의복 관리 기술: 계절과 상황에 맞는 옷 구별하기, 옷 정리 및 보관하기 등

· 고급 주거생활 기술: 이삿짐 꾸리기, 복지서비스 이용, 주거 유형 구별 등

○ 지역사회 적응 영역

· 물건 구매 기술: 돈 계산, 카드 사용, 키오스크 사용, 온라인 쇼핑 등

· 금전 관리 기술: 용돈 기입장(가계부) 작성, 저금, 계좌 개설 등 금융 업무
· 지역사회 이동 기술: 지도 앱 사용, 도보 이동, 시내 이용, 시외 이동 등
· 지역사회 시설 이용 기술: 여가 장소 이용, 우체국 등 공공기관 이용 등

○ 안전 및 건강관리 영역

· 안전 기술: 간단한 상처 치료 방법, 긴급 신고 방법, 정기적인 신체활동 등
· 병원 이용 기술: 아픈 증상 표현하기, 병원 선택, 진료받기, 약국 이용 등

○ 기본적인 정보통신기기 활용 영역

· 기초 스마트폰 사용 기술: 문자, 전화, 사진 · 동영상 촬영, 와이파이 연결 등
· 애플리케이션 활용 기술: 각종 앱 설치, 사용법 숙지, 생활 속 활용 등
· 컴퓨터 사용 기술: 포털 사이트 정보검색, 이메일 사용, 음악이나 동영상 시
  청 등 여가생활 선용 시 활용 등

이러한 영역의 다양한 일상생활 기술들은 부모님과 선생님이 가정과 학
교에서 가르칠 수 있는 자연스러운 상황이 될 때마다 꾸준하게 지도하고 지
원할 수 있어야 합니다. 보통 처음 일상생활 기술을 가르칠 때는 한 장소에
서 이루어지는 하나의 목표만 설정해서 진행해보는 것이 좋습니다. 그리고
점차 익숙해 짐에 따라 학교와 가정의 여러 장소별로 가르칠 목표를 설정하
여, 여러 개의 목표를 동시에 진행해 볼 수 있습니다. 예를 들어, 아침에 일
어났을 때는 이불 정리하기, 하교할 때는 편의점이나 슈퍼에서 필요한 물건
구매하기, 저녁 식사 시간에는 식탁 닦기 및 음식 놓기, 자기 전에는 샤워하
기 등의 목표를 정해서 꾸준하게 가르칠 수 있습니다.

그런데 일상생활 기술의 종류는 참 많을 뿐만 아니라, 난이도도 다르기에 어떤 기술부터 가르칠 수 있을지 선정하는 게 쉽지 않습니다. 지금 가르쳐 볼 적절한 일상생활 기술 목표를 설정하는데 정답은 없지만, 도움이 될만한 방법을 몇 가지 소개하면 다음과 같습니다.

가. 각종 평가 도구(체크리스트) 활용하기

일상생활 기술의 수행 능력과 관련된 다양한 평가 도구(체크리스트)를 활용해서 지금 할 수 있는 것, 약간의 도움을 받으면 할 수 있는 것, 아직 수행하기 어려운 것들을 파악합니다. 이 중에서 약간의 도움을 받으면 할 수 있는 기술 또는 전체 과정 중 일부는 스스로 수행할 수 있지만, 혼자서 다 하지는 못하는 기술 등을 먼저 선정해서 꾸준히 가르쳐볼 수 있습니다. 다만 할 수 있다고 판단한 것 중에서도 사실은 혼자서는 잘하지 못하는 기술이 있을 수 있으므로, 전체적으로 수행 여부를 확인해보는 것을 추천합니다. 일상생활 기술의 수행 능력과 관련된 다양한 평가 도구 중 일부를 제시하면 다음과 같습니다.

· 국립특수교육원 적응행동검사(NISE-K-ABS): 국립특수교육원 홈페이지 (www.nise.go.kr) 하단 배너를 통해 적응행동검사 홈페이지에 들어가 무료로 검사할 수 있습니다. 이곳에서 개념적, 사회적, 실제적 적응행동 기술 각 영역의 수행 정도를 확인할 수 있습니다. 그런데 온라인 검사로는 각 문항의 내용을 전체적으로 확인하기 힘들 수 있습니다. 국립특수교육원 홈페이지 → NISE 발간물 → 연구보고서 → 검사도구 → 국립특수교육원 적응행동검사(41

번)에서 검사 개발 연구보고서를 무료로 볼 수 있습니다. 이 보고서에 각 영역별 검사 문항 전체가 제시되어 있으므로, 활용하면 도움이 될 것입니다.

- 특수교육 기본교육과정 성취 기준: 교육부에서 만든 특수교육 기본교육과정의 성취 기준을 참고하시면 목표 선정에 도움이 될 수 있습니다. 2022 개정 교육과정의 성취 기준은 아직 확정되지 않은 관계로, 2011 개정, 2015 개정 교육과정의 교과별 성취 기준을 블로그에 올려두었으니, 필요하신 분들께서는 참고하시기 바랍니다. 한편 2022 개정 특수교육 기본교육과정에는 '일상생활활동'이라는 영역이 추가되었기 때문에, 향후 이 교재와 교육과정을 바탕으로 일상생활 기술 교육이 이루어질 수 있을 것으로 보입니다.

블로그 참고 자료

2011, 2015 특수교육 기본교육과정 각 교과별 성취 기준 모음
blog.naver.com/bjs718/221486100142

- 발달장애 청소년 자립생활 체계적으로 지원하기 개정판(변관석, 2021) 등 각종 관련 서적 활용: 제가 쓰고 이담북스에서 출판한 발달장애 청소년 자립생활 체계적으로 지원하기에는 일상생활과 관련된 다양한 영역의 체크리스트를 수록하고 있습니다. 이 체크리스트는 국립특수교육원 적응행동검사, 진로 및 직업교육 성과 척도, 특수교육 기본교육과정 성취 기준 등을 참고로 하여 제작한 자료입니다. 제 책 이외에도 시중에 나와 있는 자폐 스펙트럼이나 발달장애 관련 서적을 참고로 하여, 가르치고자 하는 목표를 정할 수도 있습니다.

나. 부모님이나 선생님이 지금 대신해주고 있는 것 확인하기

먼저 자폐 스펙트럼 청소년의 일과를 쭉 관찰해보고, 현재 그를 대신해서 부모님이나 선생님이 대신해주고 있지만, 청소년이 스스로 하기를 바라고, 또 그랬을 때 그의 삶이 더 독립적이고 생산적으로 변화될 수 있는 목표 목록들을 모두 적어볼 수 있습니다. 이외에도 꼭 대신하고 있는 것은 아니지만 학습자가 지금 꼭 배웠으면 하는 일상생활 기술을 모두 적어볼 수도 있습니다. 다만 수준에 맞지 않는 너무 터무니없는 것은 일단 빼는 것이 좋겠습니다.

다. 스스로 배우고 싶어 하는 것 확인하기

자폐 스펙트럼 청소년을 위해서 부모님이나 선생님께서 대신해주고 있는 것을 찾은 뒤에는 이들 중에서 지금 본인이 배우고 싶어 하는 행동에는 무엇이 있는지 알아볼 수 있습니다. 예를 들어, 스스로 식사를 준비해서 밥을 먹는 기술을 배우고 싶어 한다면, 이를 목표로 설정할 수 있습니다.

라. 현재 수행 수준을 고려해서 성취 가능한 목표 정하기

목표를 정할 때는 해당 청소년의 현재 능력 수준을 고려하였을 때, 적어도 6개월에서 1년 내에는 성취 가능한 기술을 정하는 것이 필요합니다. 6개월 내에는 성취 가능한 기술을 목표로 결정했을 때, 이를 장기목표로 선정하고, 이 목표를 적절하게 나누어 월 목표나 주간 목표와 같은 단기목표들을 설정해 나갈 수 있을 것입니다. 또 해당 청소년이 목표를 수행할 때 꼭 필요한 선행기술이지만, 아직 배우지 못한 선행기술이 있다면, 이 기술을 먼저 목표로 선정해야 합니다.

예를 들어, 화장실에서 적절하게 대소변을 처리하고, 손을 씻고 나오는 등의 적절한 위생관리 기술을 수행하는 등의 전반적인 화장실 사용 기술을 지도한다고 생각해봅시다. 이때 만약 해당 청소년이 기본적으로 대소변을 자주 바지에 실수하는 상황이라면, 화장실 이용 기술을 지도하기 전에 용변 훈련을 먼저 시행하여, 사전기술을 습득할 수 있도록 합니다. 그런데 용변 훈련은 적절한 소변 간격(대략 90분 이상)을 보이고 건강상에 다른 문제가 없을 때 시작할 수 있습니다. 어쨌든 체계적인 용변 훈련을 시행하여, 대소변을 화장실에서 처리하는 것이 일상화되었을 때, 다른 전반적인 화장실 사용 기술도 뒤이어서 가르칠 수 있을 겁니다.

다만 해당 청소년이 건강 문제나 여러 가지 인지적 문제로 인하여 사전기술을 습득하는 것이 힘들다고 판단될 때는 부분적 참여(partial participation)의 원리를 고려해야 합니다. 부분적 참여라는 말은 어렵지만, 쉽게 설명하면 말 그대로 어떠한 목표 전체를 스스로 수행하기 힘들다면, 일부분이라도 최대한 능동적으로 참여할 수 있도록 해야 한다는 의미입니다. 가령 습득하는 것이 힘들다고 판단되는 사전기술은 대체적인 방법을 활용하거나, 적절한 지원을 통해서 대신해주고, 나머지는 해당 청소년이 배울 수 있는 수준으로 목표를 조정하여 지도할 수 있습니다. 예를 들어, 화폐 계산이 수반되는 지역사회 물건 구매 활동을 주제로 교육했을 때, 화폐 계산이라는 사전기술 습득에 어려움이 있는 청소년이 있다면, 체크카드를 이용하는 방식으로 변경할 수 있습니다.

2. How: 어떻게 가르치고 지원해야 할까요?

다른 교육내용도 마찬가지겠지만, 일상생활 기술의 경우 더욱더 체계적인 반복 학습을 통해서 배움을 얻을 수 있습니다. 의도적으로 구조화된 상황, 그리고 자연스러운 일상생활에서 꾸준히 반복 연습이 이루어져야 합니다. 또 이때 목표를 명확하게 정하고, 이 목표를 적절한 만큼의 도움을 주어 수행하도록 하며, 그 도움은 점차 줄여나가야 합니다. 그리고 목표의 성취 과정을 꾸준히 측정하고 평가한다면 금상첨화가 될 것입니다. 이러한 절차를 우리는 '체계적'이라고 말할 수 있습니다. 그래서 이를 합쳐서 '체계적인 반복 학습'이라고 표현하는 것입니다. 다만 이 체계성과 반복성은 자폐 스펙트럼 청소년의 발달적, 인지적 수준에 따라서 그 정도가 달라질 수는 있습니다. 아무래도 상대적으로 인지적 능력이 높은 청소년이라면 좀 더 쉽게 배울 것이고, 그렇지 않다면 반복 학습과 체계적인 지도가 좀 더 집중적으로 요구될 것이기 때문입니다. 지금부터는 체계적인 반복 학습의 절차에 관해서 살펴보도록 하겠습니다.

가. 목표 세우기

가르치고자 하는 일상생활 기술이 정해지면, 먼저 목표를 세웁니다. 목표를 세울 때는 가능한 객관적으로 관찰하고 측정하는 절차가 꾸준히 이루어질 수 있도록 명확한 행동 용어를 사용하는 것이 좋습니다. 예를 들어, '~을 알 수 있다.'라는 표현은 명확하게 관찰하고 측정하기가 어려울 수 있으므로, 알고 있는 내용을 말하거나 쓰는 등의 실제 행동으로 표현하도록 하는 용어를 사용하면 객관적인 입장에서 누적된 평가가 가능합니다. 또 행동을 수행하는 상황에서의 조건을 명시하고, 어느 정도의 수행을 보였을 때 목표를 성취한 것으로 볼 수 있는지에 관한 성취 기준을 제시하면 좋습니다. 예를 들어보겠습니다.

○ 간단한 음식 조리하기

  − 목표: 인덕션을 이용해 프라이팬으로 달걀프라이를 조리할 수 있다.

  − 성취 기준: 연속 3회 이상 단계에 맞춰 독립적으로 달걀프라이를 조리함.

○ 샤워하기

  − 목표: 샤워 과정 동영상을 보고 나서 스스로 샤워를 할 수 있다.

  − 성취 기준: 연속 3회 이상 단계에 맞춰 동영상 내용을 기억해서 샤워함.

○ 지도 애플리케이션 사용하기

  − 목표: 지도 앱으로 시내권 안의 목적지까지의 대중교통 이동 방법을 검색하여, 메모장에 간단하게 기록할 수 있다.

    – 성취 기준: 5곳 이상의 장소를 임의로 제시했을 때 독립적으로 이동 방법을 검색하여 메모장에 간단하게 기록함.

○ 청소하기

    – 목표: 청소 과정을 담은 그림 순서표를 참고해서 자신의 방을 청소할 수 있다.

    – 성취 기준: 바닥 쓸기, 닦기, 손걸레 사용하기, 창문 닦기 등을 독립적으로 수행함.

○ 물건 구매하기

    – 목표: 6개 이하로 구성된 구매목록에 해당하는 물건을 모두 고른 뒤, 체크카드를 이용해서 구매할 수 있다.

    – 성취 기준: 편의점, 슈퍼, 마트에서 모두 독립적으로 물건을 구매함(가격은 정확하게 알지 못해도 괜찮음).

○ 횡단보도 건너기

    – 목표: 횡단보도에 서서 기다리다가 녹색 신호로 바뀌면 고개를 돌려 좌우에 오는 차가 없음을 확인한 후 건널 수 있다.

    – 성취 기준: 어른이 지켜보는 가운데 3회 이상 올바르게 수행함, 어른이 지켜보는 것을 인지하지 못한 상황에서 3회 이상 올바르게 수행함.

나. 과제분석하기

과제분석은 한 번에 가르칠 수 있는 정도로 잘게 나누어서 단계별, 순서별로 차근차근 가르치는 방법을 말합니다. 스몰 스텝(small-step) 접근이라고 말할 수 있습니다. 과제분석을 할 때는 가르치는 사람이 목표를 직접 수행해보면서 각 하위 목표로 나누는 게 가장 적절합니다. 단순히 머릿속 생각으로 과제를 분석하다 보면, 놓치는 부분이 있을 수 있기 때문입니다. 과제분석을 할 때는 목표 과제의 난이도나 적용하는 자폐 스펙트럼 청소년의 인지적, 발달적 수준 등에 따라 아주 잘게 나눌 수도 있고, 약간은 듬성듬성 나눌 수도 있습니다. 그리고 과제분석한 내용을 바탕으로 실제로 가르치고 지원해보면서 필요에 따라 분석의 정도를 수정해볼 수도 있습니다. '머리 감기' 목표에 대해서 과제분석을 한 예 두 가지를 살펴보겠습니다.

○ 머리 감기 과제(비교적 세세하게 나눈 경우)

– 1단계: 샤워기 수도꼭지를 온수와 냉수의 중간 정도에 위치하게 한다.

– 2단계: 물을 튼다.

– 3단계: 머리 감기에 적당한 온도가 되었는지 확인한다.

– 4단계: 적당한 온도가 되면 샤워기에서 나오는 물로 머리를 충분히 적신다.

– 5단계: 물을 끈다.

– 6단계: 샴푸 통에서 샴푸를 한 번 눌러서 손에 덜어낸다.

– 7단계: 샴푸를 머리에 묻히고, 두 손으로 거품이 충분히 날 때까지 머리카락 전체를 1분 이상 주무른다.

– 8단계: 물을 다시 튼다.

– 9단계: 머리에 묻은 샴푸 거품을 모두 씻어낸다.

– 10단계: 물을 끈다.

– 11단계: 수건을 꺼낸다.

– 12단계: 수건으로 머리에 묻은 물기를 닦는다.

  – 13단계: 수건으로 얼굴 등에 묻은 남은 물기를 닦는다.

  – 14단계: 거울로 머리나 얼굴에 남은 거품은 없는지 확인한다.

  – 15단계: 밖으로 나온다.

  ○ 머리 감기 과제(비교적 듬성듬성 나눈 경우)

  – 1단계: 물을 틀어 적당한 온도가 되면 샤워기로 머리를 충분히 적신다.

  – 2단계: 물을 끄고, 적당량의 샴푸를 덜어낸다.

  – 3단계: 양손으로 1분 이상 머리에 충분히 거품을 내며 감는다.

  – 4단계: 물을 틀어 머리에 묻은 거품을 모두 씻는다.

  – 5단계: 수건으로 머리에 묻은 물기를 닦고 거울로 확인한다.

이같이 과제분석은 과제의 난이도나 적용하고자 하는 자폐 스펙트럼 청소년의 발달적, 인지적 수준 등에 따라 그 정도를 달리할 수 있습니다. 당연한 말이지만, 과제가 쉬울수록 그리고 발달적, 인지적 수준이 더 높을수록 비교적 듬성듬성 과제를 분석하게 될 것입니다. 그 반대의 경우에는 좀 더 촘촘하게 과제분석이 이루어질 것입니다.

과제분석한 결과를 활용해서 각 하위 단계별로 사진이나 그림 또는 문자로 설명을 제시해서 일종의 시각적 지원으로 활용할 수 있습니다. 뒤이어 III파트의 티치(TEACCH) 프로그램에서 '과제의 조직화' 장을 참고하시면 그 예를 볼 수 있습니다. 또 과제분석한 결과는 향후 지속적인 측정과 평가를 위한 평가지를 만드는 데 활용할 수 있습니다. 모든 목표에 대해서 평가지를 만들고 매번 측정하고 평가하는 일은 사실 불가능에 가까울 수 있습니다. 하지만 가능한 만큼이나마 정해진 일상생활 기술 목표에 대해서 평가지를 만들고, 이를 활용해서 자주 평가하고 기록으로 남겨둘 수 있다면, 학교에서는 좋은 과정중심의 수행평가 자료가 될 것이고, 가정에서는 자녀에 대한 좋은 포트폴리오가 될 수 있습니다. 평가지의 예시를 제시하면 다음과 같습니다.

〈표〉 개인별 평가지 예시 1

목표	샤워기를 이용해서 스스로 머리를 감을 수 있다.	날짜	10월 15일	성취 기준		연속 3회 이상 100% 독립 수행함.			
				평가 기준					
순	하위 단계			0점	1점	2점	3점	4점	5점
1	적당한 온도가 되면 샤워기로 머리를 충분히 적신다.						V		
2	물을 끄고, 적당량의 샴푸를 덜어낸다.					V			
3	양손으로 1분 이상 머리에 충분히 거품을 내며 감는다.						V		
4	물을 틀어 머리에 묻은 거품을 모두 씻는다.					V			
5	수건으로 머리에 묻은 물기를 닦고 거울로 확인한다.						V		
합 계				(13)점/25점(52%)					

* 평가 기준: 5점(독립적 수행), 4점(그림 자료를 보고 수행), 3점(설명 등 언어적인 지원을 받아 수행), 2점(시범을 보고 수행), 1점(부분적인 신체적 지원을 받아 수행), 0점(완전한 신체적 지원을 받아 수행)

〈표〉 개인별 평가지 예시 2

목표	샤워기를 이용해서 스스로 머리를 감을 수 있다.	날짜	10월 15일	성취 기준		연속 3회 이상 100% 독립 수행함.			
				날짜별 점수 기입					
순	하위 단계			10/10	10/11	10/12	10/13	10/14	10/15
1	적당한 온도가 되면 샤워기로 머리를 충분히 적신다.			2	3				
2	물을 끄고, 적당량의 샴푸를 덜어낸다.			3	3				
3	양손으로 1분 이상 머리에 충분히 거품을 내며 감는다.			3	3				
4	물을 틀어 머리에 묻은 거품을 모두 씻는다.			2	3				
5	수건으로 머리에 묻은 물기를 닦고 거울로 확인한다.			1	3				
합 계				11	15				

* 평가 기준: 5점(독립적 수행), 4점(그림 자료를 보고 수행), 3점(설명 등 언어적인 지원을 받아 수행), 2점(시범을 보고 수행), 1점(부분적인 신체적 지원을 받아 수행), 0점(완전한 신체적 지원을 받아 수행)

위와 같은 평가지를 활용해서 먼저 본격적인 지도가 시작되기 전인 현재의 수행 수준을 측정할 수 있습니다. 이 과정을 학문적으로는 기초선(baseline)이라고 부릅니다. 기초선으로 현재 수행 수준을 측정해두면, 나중에 본격적으로 가르치고 지원하는 과정에서의 향상 정도를 평가하는 데 유용하게 활용할 수 있습니다. 그리고 본격적인 지도가 시작되고 나서도 자주 측정하고 그 결과를 선 그래프로 그려서 표시해두면 나중에 가르치는 방법을 수정하거나 과제분석을 조정하는 등 교육적인 의사결정을 할 때, 도움을 얻을 수 있습니다. 그래프로 그리면 한눈에 보기 쉽게 잘 배우고 있는지 혹은 조정이 필요한지 확인할 수 있기 때문입니다. 과제분석은 특수교육의 교수학습 전략에서 시작과 끝이라고 말할 수 있을 정도로 중요합니다. 부모님과 선생님께서는 일상생활 기술을 가르치고 지원하기 전에 과제분석하는 연습을 충분히 하시기를 추천합니다.

다. 과제(목표) 소개하기

과제분석이 이루어진 뒤에는 본격적으로 일상생활 기술 목표를 가르치고 지원하는 절차를 시작하게 됩니다. 이때 가장 먼저 과제(목표)가 무엇인지, 이 과제를 최대한 독립적으로 수행하는 게 왜 중요하고 필요한지, 그리고 일상생활에서 언제 이 과제를 수행해야 하는지 등을 포함해서 개괄적인 소개를 해주어야 합니다. 이러한 소개 과정을 보통 놓치는 경우가 많은데, 그러면 자칫 부모님이나 선생님 중심으로 활동이 진행되기 쉽습니다. 충분한 설명을 통해서 과제에 대한 필요성을 안내함으로써, 자폐 스펙트럼 청소년의 내적인 동기 형성을 이끌 수 있다면, 좀 더 효과적이고 능동적으로 배움이 일어나게 됩니다.

이러한 소개 과정에서 사회적 상황에 대한 설명과 함께 이 사회적 상황에서의 적절한 반응과 그 이유를 글이나 그림을 활용해서 제시하고 반복해서 읽도록 하는 사회적 담화(social narrative)를 활용할 수도 있습니다. 예를 들어, 아침에 필요한 위생 관련 일과(예: 세수, 양치질 등)를 이야기 글로 쓰고, 이러한 일과를 지켰을 때 얻을 수 있는 이점을 가능하다면 자폐 스펙트럼 청소년과 함께 작성하고 읽어보도록 합니다. 또 식사 중의 위생과 관련된 사항에 대한 몇 가지 예시를 써서 읽어보도록 할 수 있습니다. 또는 2차성징 이후에 필요한 위생 기술(예: 자위행위 후 처리, 여성의 경우 생리대 교체 등)에 대해서도 사회적 담화를 활용하여 꾸준히 안내할 수 있습니다.

〈그림〉 위생 습관과 관련된 사회적 담화의 예

아침에 일어났어요.
학교에 가기 전에는 두 가지를 기억해야 해요.
바로, 세수하기와 양치하기에요.
세수하면 얼굴이 깨끗해집니다.
양치하면 이가 깨끗해집니다.
입에서 냄새도 나지 않아요.
두 가지를 꼭 하고 학교에 갑니다.

세수하고, 양치하고 학교에 왔어요.
기분도 상쾌하고, 몸에서 좋은 향기도 나요.
친구들이 나를 피하지 않아요.
친구들과 더 사이좋게 지낼 수 있습니다.

깨끗하게 내 몸을 관리하면,
잘 아프지 않아요.
몸이 건강해집니다.

* 이미지 출처: 장애학생 위기 행동 대처 매뉴얼(2019, 인천광역시교육청)

라. 가르치는 순서를 결정하고, 시범 보여주기

과제를 소개한 뒤에는 과제분석된 하위 단계를 가르치는 순서를 결정해야 합니다. 가르치는 순서에는 크게 1) 전진형, 2) 후진형, 3) 전체과제제시형의 기본 형태가 있습니다.

○ 전진형: 1단계부터 차례대로 가르칩니다. 다만 정해진 기준 이상으로 수행하기 전까지는 1단계를 반복해서 가르칩니다. 1단계를 수행할 수 있게 되면, 2단계를 가르칩니다. 마찬가지로 2단계를 수행할 수 있게 될 때, 3단계를 가르치는 방법으로 마지막 단계까지 가르치는 방법입니다. 보통 가장 많이 사용되는 방법입니다(5단계로 이루어진 과제의 경우: 1단계 → 2단계 → 3단계 → 4단계 → 5단계).

○ 후진형: 1단계부터 마지막 전 단계까지는 충분한 도움을 주거나 대신해주고, 마지막 단계부터 가르칩니다. 마지막 단계를 정해진 기준 이상으로 수행하기 전까지는 반복해서 가르칩니다. 마지막 단계를 수행할 수 있게 되면, 이번에는 마지막 전 단계부터 가르칩니다. 물론 새롭게 가르치기 시작한 단계의 전까지는 충분한 도움을 주거나, 대신할 수 있습니다. 이러한 과정을 거쳐 처음 1단계까지 수행할 수 있도록 역순으로 가르치게 됩니다. 이 방법은 매번 전 하위 단계를 반복해서 경험할 수 있다는 장점이 있습니다. 다만 그만큼 시간이 오래 걸린다는 단점도 있습니다. 그래서 과제가 비교적 어렵거나, 자폐 스펙트럼 청소년의 발달적, 인지적 어려움이 큰 경우에 주로 사용합니다(5단계로 이루어진 과제의 경우: 5단계 → 4단계 → 3단계 → 2단계 → 1단계).

○ 전체과제제시형: 전체과제제시형은 1단계부터 마지막 단계까지 한 번에 물 흐르듯이 순서대로 가르치는 방법입니다. 정해진 성취 기준만큼 수행하지 못하더라도 적절한 도움을 주어 수행하도록 하고, 다음 단계로 넘어가는 방식으로 마지막 단계까지 매번 수행하도록 합니다. 전체과제제시형은 일상생활에서 가장 빈번하게 쓰이는 자연스러운 방법이라는 장점이 있습니다. 하지만 어려운 과제라면 차근차근 집중적으로 가르치기 힘들다는 단점이 있습니다. 따라서 전체과제제시형은 과제가 비교적 어렵지 않거나, 하위 단계 중 어느 정도는 성취 기준에 근접하게 수행할 수 있는 경우, 그리고 자폐 스펙트럼 청소년의 발달적, 인지적 수준이 비교적 높은 경우에 주로 사용할 수 있습니다.

이같이 지도 순서가 결정된 뒤에는 이번 시간에 가르치고 수행할 단계에 대해서 간단하게 시범을 보여줄 수 있습니다. 이때 시범 보여주는 과제의 각 단계에 대한 설명을 함께 해줄 수도 있습니다. 또 자폐 스펙트럼 청년이 부모님이나 선생님에게 질문하거나 의견을 제시할 수 있는 시간을 제공함으로써, 좀 더 자발적인 분위기를 만들 수 있습니다.

〈표〉 전진형, 후진형, 전체과제제시형의 비교

유형	목표(과제)의 하위 단계(하위 목표) 지도 순서								
	1단계		2단계		3단계		4단계		5단계
전진형	1번째	→ (목표 달성 시)	2번째	→ (목표 달성 시)	3번째	→ (목표 달성 시)	4번째	→ (목표 달성 시)	5번째 (목표 달성)
후진형	5번째 (목표 달성)	← (목표 달성 시)	4번째	← (목표 달성 시)	3번째	← (목표 달성 시)	2번째	← (목표 달성 시)	1번째
전체과제 제시형	1단계 → 2단계 → 3단계 → 4단계 →5단계 (목표 달성 여부와 관계없이 매회 첫 단계부터 끝 단계까지 연속해서 진행함)								

마. 가르치고 지원하며 강화하기

이제 본격적으로 목표를 지도 순서에 맞춰 가르치고 지원합니다. 자폐 스펙트럼 청소년이 목표를 수행하도록 각 하위 단계를 수행하는 동안 적절한 지원을 제공합니다. 이러한 지원이나 도움을 학문적으로는 촉진 또는 촉구(prompting)라고 말할 수 있습니다. 지원 방법에는 흔히 언어적 지원, 몸짓을 활용한 지원, 시범을 통한 지원, 신체적인 지원 등이 있습니다. 이러한 방법을 학문적으로는 반응촉진(response prompting)이라고 부릅니다. 또 부모님이나 선생님이 직접적으로 개입하지 않고 일종의 단서를 제공함으로써 약간의 도움을 줄 수도 있습니다. 여기에는 미리 목표물의 위치를 가까이해주는 등의 위치 단서, 목표물의 색깔만 특별하게 해주는 색깔 단서, 크기나 모양을 구별할 수 있게끔 다르게 해서 단서를 줄 수도 있습니다. 이러한 방법은 행동이 일어나기 전에 주어지는 지원으로 자극촉진(stimulus prompting)이라는 용어로 불립니다.

○ 단서 제공(자극촉진)의 예

    – 위치 단서: 샴푸와 린스 중 샴푸를 골라야 할 때, 샴푸를 더 앞에 둠.

    – 색깔 단서: 비데 세정 버튼을 눌러야 할 때, 그 버튼만 색깔 띠지를 붙임.

    – 자극을 눈에 띄게 하는 단서: 크기를 다르게 함. 모양을 눈에 띄게 함. 등

○ 직접적인 지원(반응촉진)의 예

    – 언어적 지원: 목표가 되는 행동의 일부 또는 전체를 말로 설명해줌. '다음에
      뭘 해야 할까?' 정도로 아주 간접적으로 언급만 해주는 도움을 줄 수도 있고,
      필요하다면 하나하나 명확하고 세세하게 구분해서 설명하기도 함.

    – 몸짓을 활용한 지원: 손가락으로 목표물을 가리키거나, 간단한 몸짓으로 힌
      트를 줄 수 있음. 예를 들어, 머리 감기 목표에서 샴푸를 가리키거나, 머리에
      손을 가져다 대는 등 다음 동작을 짧게 보여줄 수 있음.

    – 시범을 통한 지원: 목표 행동을 시범 보임. 이때 필요한 것만 부분적인 시범
      을 보여줄 수도 있고, 필요하다면 전체 과정을 자세하게 전반적으로 시범 보
      일 수도 있음.

    – 신체적 지원: 손이나 다른 신체 부위를 직접 접촉하면서 도움을 주는 방법임.
      처음 미술작품을 만들 때 뒤에서 손이나 손목을 잡아가면서 도움을 주는 모
      습을 떠올리면 됨. 필요할 때만 부분적으로 신체적인 지원을 제공할 수도 있
      고, 계속된 실수나 무반응을 보인다면 완전한 신체적 지원을 줄 수도 있음.

이러한 단서나 지원은 대상 청소년의 특성이나 과제의 특성 등에 따라 달

라지기도 하지만, 보통 단서만 제공하는 형태를 가장 낮은 수준의 개입으로 보고, 간접적인 언어적 지원, 직접적인 언어적 지원, 몸짓을 활용한 지원, 부분적인 시범을 활용한 지원, 전반적인 시범을 활용한 지원, 부분적인 신체적 지원, 그리고 전반적인 신체적 지원의 순으로 차츰 개입의 강도가 높아질 수 있습니다. 다만 앞에서 말했듯, 이러한 개입의 강도는 때 따라 다를 수 있습니다.

부모님과 선생님은 자폐 스펙트럼 청소년의 일상생활 기술을 가르치고 지원할 때, 점차 개입의 강도를 줄여가면서 차츰 독립적인 수행을 할 수 있게 지원해야 합니다. 예를 들어, 처음에는 신체적 지원을 받아야만 과제의 하위 단계를 수행할 수 있었던 자폐 스펙트럼 청소년이 반복된 체계적 지원을 통해서 언어적인 설명만 듣고도 하위 단계를 수행할 수 있게 된다면, 개입의 강도가 현저하게 줄어든 것으로 지도가 성공적으로 이루어지고 있다고 볼 수 있습니다. 이러한 과정을 학문적으로는 페이딩(fading)이라고 부릅니다. 그리고 이러한 페이딩 방법에는 크게 여섯 가지의 기본적인 방법이 있습니다.

좀 더 자세한 내용은 아래 〈표〉와 함께 저자의 블로그에서 촉진, 반응촉진 등으로 검색해서서 다양한 정보를 확인하시기를 바랍니다. 유튜브에서 각 방법의 영어 이름으로 검색하면 실제 사례 동영상을 다양하게 시청할 수 있으니 참고 바랍니다. 영어를 잘 몰라도 이해하는 데 크게 관계가 없습니다.

	1. 최소촉진체계(system of least prompts)
설명	− 매회 최소에서 점차로 목표를 수행할 수 있을 때까지 지원 강도를 사용함 (예: 독립 수행 − 언어적 지원 − 시범을 통한 지원 − 신체적 지원). − 가장 많이 활용되며, 매번 독립적 수행을 기다릴 수 있어 추천하는 방법임. 특히 미리 계획된 순서대로 도움을 주면 되기 때문에 체계적인 반복 학습과 지원에 익숙하지 못한 부모님과 선생님이 가장 손쉽게 활용할 수 있음.
실행 과정	1. 주의집중을 확보하고, 과제를 전달함. 2. 미리 설정된 시간만큼(예: 5초) 기다리면서 독립적인 수행을 유도함. 3. 올바르게 수행하면 칭찬과 강화제를 제공함. 만약 반응을 보이지 않거나 오류를 보이면, 가장 덜 강도 높은 지원(예: 언어적 지원)을 제공하고, 다시 미리 설정된 시간만큼 기다려 줌. 4. 올바르게 수행할 때까지 다음 높은 수준의 지원을 제공하면서, 1~3단계를 반복함. 5. 성취 기준에 달성하면(예: 독립적 수행), 다음 하위 단계로 나아감. 6. 이후 몇 회에 걸쳐 성취 기준 이상의 수행을 보이면, 다음 단계로 나아감.
동영상	**youtu.be/VIjaj8julDU**
	2. 최대−최소촉진(most-to-least prompts)
설명	− 여러 회에 걸쳐 최대에서 최소의 지원 강도를 사용함(예: 신체적 지원 − 시범 − 언어적 지원 − 독립 수행). − 지원의 강도를 낮추어가는 기준이 다소 모호할 수 있고, 독립적 수행을 기다려주지 않고 늘 도움을 제공한다는 단점이 있음.
실행 과정	1. 주의집중을 확보하고, 과제를 전달함. 2. 올바른 수행을 보이기에 필요한 지원을 즉시 제공하고, 모든 정반응을 칭찬함. 3. 몇 회 후, 좀 더 낮은 강도의 지원을 제공하여 절차를 진행하며, 정반응을 계속 보이지 못하면 다시 이전 수준의 지원으로 돌아감. 4. 1~3단계를 반복하면서 점차 지원 강도를 낮추어감. 5. 몇 회기에 걸쳐 학습자가 독립적으로 정확한 수행을 보일 때까지 진행함.
동영상	**youtu.be/qBH0WfWTyUA**

	3. 점진적 안내(graduated guidance)
설명	– 순간순간마다 필요한 만큼 다양한 수준의 신체적 지원을 사용함. – 신체적 지원이 집중적으로 필요한 경우에 사용할 수 있음.
실행 과정	1. 주의집중을 확보하고, 과제를 전달함. 2. 대상 청소년의 움직임을 그림자처럼 뒤따름. 3. 오류를 보이기 시작하거나 무반응을 보이면, 즉시 올바른 수행을 보이기에 필요한 수준의 신체적인 지원을 사용하여 지원함. 차츰 신체적 지원 강도를 줄여감. 4. 독립 수행만큼이나 신체적 지원을 받아 수행한 반응에 대해서도 칭찬해 줌. 5. 독립적으로 올바른 수행을 보일 수 있을 때까지 이 과정을 계속 반복함.
동영상	**youtu.be/5v0GOf3Af3s**

	4. 고정 또는 5. 점진적 시간지연(constant / progressive time delay)
설명	– 미리 설정된 시간 간격(예: 5초) 이후에 충분한 지원을 제공하는 방법임. – 시간 간격은 항상 고정적이거나(고정 시간지연), 한 회 또는 여러 회에 걸쳐 점진적으로 증가함(점진적 시간지연).
실행 과정	1. 주의집중을 확보하고, 과제를 전달함. 2. 처음 몇 번은 0초 간격으로(과제 제시 후 곧바로) 수행하기에 충분한 도움을 줌. 3. 이후에는 과제 제시 후 미리 결정된 반응 간격만큼(예: 3초) 기다림(지연 시간). 4. 정반응은 보상하고, 오반응이나 무반응에 대해서는 도움을 주는 절차를 반복함. 5. 독립적으로 정확한 수행(정반응)을 보일 때까지 1~4단계를 반복해서 진행함. 다만, – 고정 시간지연에서는 모든 회기에서 같은 간격의 지연 시간이 사용됨. – 점진적 시간지연에서는 점진적으로 지연 시간이 늘어남(예: 1초→2초→3초…).
동영상	– 고정: youtu.be/CssFi6TbRFo – 점진적: youtu.be/uRoHUPH1_pk

6. 동시촉진(simultaneous prompting)	
설명	– 학습을 평가하기 위해서 매번 평가를 따로 해야 하며, 그 이후에 0초 지연 간격 이후에 동일한 도움을 주어 올바른 수행을 이끄는 학습 회기가 뒤따름. – 발달적, 인지적 어려움이 큰 경우에 성공 경험을 늘려주기 위해서 주로 사용함.
실행 과정	1. 먼저 다음과 같은 평가를 매회 실시함. 　a. 주의집중을 확보하고, 과제가 전달됨. 　b. 미리 설정된 시간 간격(예: 5초)만큼 기다림. 　c. 정반응을 보이면 보상하면서 다음 단계를 진행하고, 오반응이나 무반응을 보이면 학습(훈련) 회기를 이어서 진행함. 2. 학습 회기는 다음과 같이 진행함. 　a. 주의집중을 확보하고, 과제를 전달함. 　b. 과제를 전달함과 동시에 0초 간격으로 충분한 도움을 주고 올바른 수행을 이끔. 　c. 정반응 또는 오류의 수정에 대해서 칭찬 및 (필요할 경우) 보상을 제공함. 3. 매번 이루어지는 평가 시기에서 기준에 충족할 때까지 1, 2번을 계속 반복함.
동영상	**youtu.be/YHDTax4Qp-Q**

블로그 참고 자료

〈외국자료번역〉 Q & A: Using Prompts to Promote Skill Acquisition(발달장애 학습자의 기술 습득을 증진하기 위해서 촉진 사용하기)

blog.naver.com/bjs718/222387595769

〈표〉에서 다룬 여섯 가지 페이딩(fading)전략 중에서 저는 매번 독립적인 수행을 기다려주다가 조금씩 도움의 강도를 높여가는 최소촉진체계와 시간 지연 방법이 기본적으로 가장 활용도가 높다고 생각합니다. 가르치고 지원하는 과정에서 평가도 동시에 이루어질 수 있기 때문이기도 하고, '무엇보다 이번에 못 하면 다음에는 계획된 도움 중에서 좀 더 강도 높은 도움을 준다'라는 식으로 생각하면 되므로 언제 얼마만큼의 도움과 지원을 제공할지가 다른 방법에 비해서 명확하기 때문입니다. 이에 반면 최대-최소촉진의 경우에는 언제 도움의 강도를 줄여볼지가 사실 명확하지는 못하므로, 부모님이나 선생님의 교육적인 경험과 감에 의존할 수밖에 없습니다.

한편, 가르치고 지원하는 과정에서 앞서 만든 평가지 등을 이용해서 자폐스펙트럼 청소년의 각 하위 단계별 수행을 지속해서 측정하고 기록할 수 있습니다. 이 자료를 활용해서 향상 정도를 평가할 수 있으며, 평가 결과에 따라 부모님과 선생님은 목표를 수정하거나 교육 방법의 일부 또는 전체를 변경하기도 하며, 과제분석 단계를 조정하는 등의 교육적인 의사결정을 수행할 수 있습니다.

〈그림〉 최소촉진체계의 진행 과정

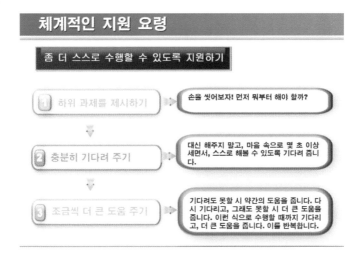

앞서 알아본 체계적인 지원 방법 이외에도, 목표를 독립적으로 수행하는 데 있어 추가해서 필요한 지원이나 테크놀로지(첨단기술)이 있는지 결정해야 합니다. 예를 들어, 종이로 된 리마인더나 그림이나 사진을 활용한 도움 자료 등의 아날로그형 시각적 지원 도구를 활용할 수 있습니다. 또 태블릿을 이용해서 목표 수행 관련 동영상을 시청하거나(비디오 모델링), 휴대하기 편하도록 스마트폰에 그림이나 사진 도움 자료를 저장해서 활용하도록 할 수 있습니다. 이외에도 각종 편의 증진 애플리케이션을 활용하는 방법을 지도할 수도 있습니다. 가령, 목적지까지 이동하는 방법을 알아보기 위해서 지도 애플리케이션을 내려받아 사용하는 방법을 가르칩니다.

일상생활 기술을 배우는 자폐 스펙트럼 청소년이 이러한 자원 없이도 목표를 잘 배워나가고 있다면 굳이 무언가를 추가할 필요가 없을 수 있습니다. 하지만 자꾸 순서를 놓치거나 기억하지 못하는 부분이 반복되는 등의 모습을 보인다면, 앞서 설명한 자원을 추가해서 활용할 수 있습니다. 청소년기에 이르면 다른 사람이 자신을 어떻게 바라보는지에도 신경을 쓰게 되므로, 통합교육적인 측면에서도 다른 사람들도 많이 쓰는 스마트폰이나 태블릿을 추가 지원을 얻을 수 있는 도구로 활용하는 게 좋을 수 있습니다. 하지만 전자기기를 충분히 연습시켜도 잘 다루지 못하거나, 계속해서 고장을 낼 위험이 있는 등 다른 사정이 있을 때는 그림 카드, 코팅 종이 등 아날로그 형태로 만들어진 자료를 제공하는 것도 좋습니다.

사. 개별화된 계획 실행하기

특히 학교에서 선생님은 일상생활 기술을 중심으로 한 학기나 1년 단위의 개별화교육계획을 세울 수 있습니다. 여기에는 과제분석한 각 하위 단계, 과제 수행 시에 필요한 지원 내용, 추가해서 필요한 자원, 또 적절한 칭찬과 강화제 제공 계획 등을 포함할 수 있습니다. 개별화교육계획에 대한 자세한 내용은 여기서는 생략하나, 저자의 블로그에서 '개별화교육계획'으로 검색하면, 관련된 글과 자료를 볼 수 있으니 참고 바랍니다.

아. 향상 정도를 평가하기 위한 후속 조치

일상생활 기술을 배우는 자폐 스펙트럼 청소년이 어느 정도 의사소통이 가능하다면, 목표를 배우는 과정에서 잘된 점, 잘되지 못한 점, 추가해서 필요한 지원, 없어도 되는 지원 등을 직접 물어볼 필요가 있습니다. 또 미리 최대한 많은 강화제를 찾아두었다가 만약 필요하다면 다른 강화제(보상)를 제공하도록 약간의 변경을 할 수도 있습니다. 자폐 스펙트럼 청소년이 의사소통이 어려운 경우라면, 수행 과정을 충분히 관찰하고 확인하며, 주로 함께 지내는 사람에게 물어보는 등의 방법을 사용해서 이러한 절차를 진행할 수 있습니다.

한편, 습득된 일상생활 기술은 실제 생활에서 성취 기준이나 조건에 맞추어 안정적으로 수행이 유지될 수 있을 때까지 지속해서 수행을 점검할 필요가 있습니다. 또 향상 정도나 유지 정도에 따라 차츰 강화제나 리마인더 등의 자원, 지금까지 주어지고 있는 도움이나 단서를 줄일 수 있습니다. 마지막으로 배우게 된 일상생활 기술을 한 장소나 상황을 넘어 여러 상황이나 장소, 약간의 변형된 형태에서도 수행할 수 있도록 종종 다른 장소나 상황, 환경에서 일반화를 위한 연습을 해보도록 하면 더욱 좋겠습니다.

〈그림〉 과제분석과 이를 통한 체계적인 반복 학습 과정의 예(선 그래프)

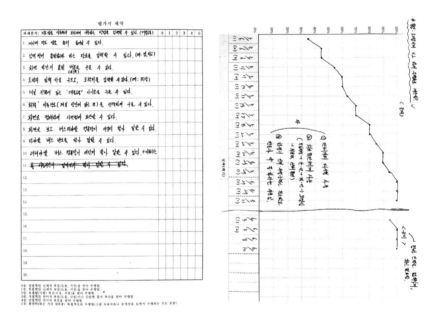

제11장

공부만큼 중요한
꾸준한 신체 활동을
지원하기 위한 팁

미국에서는 법적으로 공교육 기관에서 교사들이 과학적 연구를 기반으로 한 교육 방법이나 중재 절차를 사용하도록 명시하고 있습니다. 이는 일반교육이나 특수교육 모두에서 같습니다. 이러한 여러 건의 과학적 연구를 통해 성과가 반복 입증된 교육 방법이나 중재 절차(전략)를 증거기반실제(evidence-based practices)라고 말합니다. 미국에서 증거 기반의 교육을 법적으로 명시하고 있는 데에는 사실 몇 가지 큰 이유가 있습니다. 그중에서도 미국이라는 아주 큰 국가의 특성상, 국민 중에서는 비과학적이거나 비합리적인 또는 다소 극단주의적인 사고를 하는 사람들이 생각보다 적지 않으므로 최소한의 기준을 증거 기반이라는 이름으로 설정해둔 게 아닌가 싶은 부분도 있습니다. 코로나-19를 경험하면서, 생각보다 미국이라는 나라와 그 국민 대다수가 이성적이거나 합리적이고 선진적인 것만은 아님을 다들 느낀 바가 있을 것 같습니다. 일단 저는 그렇게 생각했습니다.

증거기반실제가 미국 교육법에서 명시되어 있는 이유에 대해서 자세하게 설명하는 것은 지면 관계상 힘들지만, 어쨌든 현재 미국에서는 일반교육뿐 아니라 특수교육 분야에서도 각 장애 영역별로 연령대나 교육내용에 따른 증거기반실제의 목록을 몇 년에 한 번씩 업데이트해서 제시하고 있으며, 세부적인 중재 절차나 활용 방법도 동영상이나 자료 등으로 제작되어 배포되고 있습니다.

이 중 자폐 스펙트럼 장애 분야의 증거기반실제를 목록화하여 제시하고 있는, 미국 자폐 스펙트럼 장애 전문가개발센터(National Professional Developmental Center on Autism Spectrum Disorder)에서는 가장 최근인 2020년에 총 28종의 교육과 치료(중재) 전략을 증거기반실제로 선정하였습니다. 이 중 하나가 운동 및 동작(exercise & movement)으로, 체계적이고 꾸준한 운동(신체 활동)이 자폐인의 인지, 행동, 정서적 발달 등에 매우 긍정적인 영향을 미칠 수 있다고 보고 있습니다. 특히 운동 및 동작의 꾸준한 수행이 자폐인이 보일 수 있는 다양한 도전적 행동(문제행동)을 감소시키고, 바람직한 행동을 이끄는 데 큰 역할을 한다고 보고 있습니다.

해당 센터의 증거기반실제 목록 이전 버전에서는 운동(exercise)이라는 단어로만 표기하여, 신체적인 움직임이 비교적 큰 활동에만 증거 기반이 있다고 보았습니다. 하지만 최근 2020년 버전에서는 요가나 명상 등 비교적 신체적인 움직임이 작은 신체 활동도 자폐인의 성향과 기호에 따라서는 인지, 행동, 정서적 발달을 촉진할 수 있는 증거기반실제가 될 수 있다고 말하고 있습니다.

이 장에서는 학교 일과 중, 그리고 가정에서 자폐 스펙트럼 청소년의 꾸준한 신체 활동을 지원하는 방법에 대해서 살펴보겠습니다. 또 신체 활동의 루틴을 형성하고 유지하기 위한 팁도 간략하게 살펴보도록 하겠습니다.

1. 선생님을 위한 팁

첫째, 선생님은 수업에서 본격적인 학습활동이 시작되기 전에 몇 분 이상의 시간을 할애해서 신체 활동 기회를 제공할 수 있습니다. 조금 어려운 말로 선행적인 신체 활동을 제공하라는 말입니다. 학교에서 일과 시작 전 또는 수업 시작 전에 일정 시간 동안 자폐 스펙트럼 청소년을 포함한 학생들에게 즐거움을 줄 수 있는 신체 활동을 제공해볼 수 있습니다.

저자도 이러한 선행적 신체 활동이 자폐 스펙트럼 청소년을 포함한 발달장애 학생들의 수업참여행동에 미치는 효과를 연구해서 국립특수교육원에서 발간하는 '특수교육 연구' 학술지에 논문으로 출판한 경험이 있습니다. 수업 시간 40분 중 처음 5분 정도를 할애해서 학생들이 좋아하면서도 너무 과격하지 않은 신체 활동을 해보고 수업을 진행했을 때, 그렇지 않았을 때보다 총 5명 중 4명의 학생이 유의미하게 더 수업에 참여하고 집중하는 정도가 높아졌음을 확인하였습니다. 저자는 지금도 수업할 때, 과목에 따라서 처음 5분 이상은 간단한 신체 활동을 해보는 시간을 가진 뒤에 본격적인 수업을 진행하는 편입니다. 유튜브에는 앉아서 하는 체조, 요가, 각종 맨손 운동, 쉬운 댄스 영상 등 선행적인 신체 활동에 활용할만한 재료가 정말 많습니다.

다른 국외 연구에서는 잼핑잭, 푸쉬업, 제자리 달리기, 제자리 점프하기 등 약간의 활기찬 활동을 심지어 1분 정도만 수행하는 것만으로도 뒤이어 이어지는 학습활동에서 자폐 스펙트럼 청소년의 도전적 행동을 줄이고, 수업 참여도를 높일 수 있다고 보고하고 있습니다.

둘째, 학교 일과 중에 20~30분 정도 시간을 정해서 조깅 등의 신체 활동 시간을 포함할 수도 있습니다. 예를 들어 조깅을 한다면 약 15분에서 20분 정도 조깅을 하고, 몇 분 정도 쿨다운(안정) 시간을 가진 뒤 다음 교육 활동을 진행할 수 있습니다. 기존의 몇몇 연구에서는 활기찬 운동(예: 조깅, 달리기, 점핑, 트램펄린 타기, 자전거 타기 등)이 덜 활기찬 활동(예: 캐치볼, 천천히 걷기 등)에 비해서 더 큰 행동적, 심리적 효과를 거둘 수 있다고 보고합니다.

하지만 앞서 말했듯, 최근에는 요가나 명상 등 덜 활동적인 움직임도 꾸준히 이루어졌을 때 효과적일 수 있음이 밝혀지고 있는 만큼, 상황이나 자폐 스펙트럼 청소년의 성향, 요구 등에 맞춰서 종목을 다변화할 필요가 있어 보입니다.

2. 부모님을 위한 팁

첫째, 지역사회의 각종 체육 프로그램을 충분하게 활용합니다. 이때 자녀에 관한 정보를 지도자와 상세하게 나누는 일이 꼭 필요합니다. 희망하는 모든 특수교육 대상 학생을 위해 교육청에서 제공하는 방과후 교육 비용 지원이나 보건복지부나 지자체에서 제공하는 바우처 등을 활용해서 체육 프로그램을 초등학교 때부터 꾸준히 진행하는 것이 좋습니다. 한국장애인개발원에서 전국 및 시·도 단위로 운영하는 발달장애인지원센터(www.broso.or.kr)를 이용하시면, 좀 더 편리하게 방과후 활동이나 기타 복지 지원 내용에 관한 정보를 얻을 수 있습니다.

둘째, 쉬운 일은 아니지만, 가정에서 자녀가 운동 루틴을 형성하도록 도와야 합니다. 달리기, 수영, 속보, 트레드밀(러닝머신), 유튜브 운동 관련 동영상을 활용한 체조, 롤러 스케이팅, 고정 바이시클, 점핑로프, 계단 오르기(내려갈 때는 승강기 활용) 등 여러 가지 신체 활동 중에서 현실적으로 꾸준하게 수행할 수 있는 종목을 골라 일과로 형성될 수 있도록 꾸준히 반복합니다. 가능하면 주 3~4회 이상 30분 넘게 땀을 흘리는 정도의 강도로 이루어지는 신체 활동을 일과로 만들어 부모님과 자녀가 함께 해볼 수 있도록 합니다.

3. 운동 루틴을 만들고 유지하기 위한 팁

첫째, 최소 30분 이상 운동하는 날짜가 3~4일 이상 포함되면서 수행 결과를 기록하는 주간 일정표를 만듭니다. 화이트보드 같은 것을 이용할 수도 있습니다. 어쨌든 이 일정표를 학교나 가정의 잘 보이는 곳에 놔두고, 자폐 스펙트럼 청소년 스스로(혹은 도움을 받아) 그날의 운동 내용을 기록할 수 있도록 합니다. 운동하는 날이나 시간은 차츰 더 늘려갈 수 있습니다. 또 운동 루틴을 수행하는데 필요한 기타 내용(예: 이동 수단, 준비물 등)도 주간 일정표에 적어두면서 꾸준히 기억할 수 있도록 돕습니다.

〈표〉 주간 일정표 예시

※ 이번 주 운동하는 날: 월, 수, 금, 토

※ 운동 시간: 30분 이상

※ 운동 종목: 아파트 계단 오르기, 달리기, 맨손체조, 자전거 타기 중 선택하기

※ 지켰을 때: 일요일 저녁 외식하기

월요일	수요일	금요일	토요일
※ 운동 시간: ※ 종목: ※ 확인:　　(서명)	※ 운동 시간: ※ 종목: ※ 확인:　　(서명)	※ 운동 시간: ※ 종목: ※ 확인:　　(서명)	※ 운동 시간: ※ 종목: ※ 확인:　　(서명)

둘째, 자폐 스펙트럼 청소년이 운동하기로 한 날짜에 어떤 운동을 할 것인지 스스로 선택하는 데 시각적으로 도움을 주는 선택 메뉴판을 만들어 활용해볼 수 있습니다. 메뉴판을 만들 때 필요한 이미지는 자폐 스펙트럼 청소년 본인이 직접 운동하고 있는 모습을 사진으로 찍어서 사용하면 제일 좋습니다. 하지만 여러 가지 이유로 어렵다면, 구글이나 네이버 등에서 이미지를 검색하거나, 무료 이미지를 제공하는 픽사베이(pixabay)와 같은 사이트를 이용할 수도 있습니다. 또 각종 보완대체 의사소통 체계(AAC)* 애플리케이

---

* 말로 하는 보통의 의사소통이 어렵거나, 말로만 의사소통하기에는 내용 전달에 부족함이 있는 경우 사용할 수 있는 의사소통 체계나 방법을 말합니다. 말 그대로 말로 하는 의사소통을 보완하거나 완전히 대체하는 의사소통 방법이며, 실물, 사진, 그림 카드, 몸짓, 글자 등 다양한 상징체계가 포함될 수 있습니다. 다만 인지적 수준이나 상징 이해 능력, 편리성, 주로 의사소통하는 상대자가 받아들이는 정도 등을 생각해서 적절한 상징체계를 선정해야 합니다.

선이나 프로그램의 상징 중 필요한 것을 골라서 사용할 수도 있습니다. 제가 주로 이용하는 사이트 하나를 안내하니, 꼭 운동 선택 메뉴판뿐만 아니라 다양한 시각적 지원과 보완대체 의사소통판 제작 등에 사용하시기 바랍니다(KAAC Symbols Search, symbol.ksaac.or.kr).

〈그림〉 운동 선택 메뉴판 예시

오늘은 어떤 운동을 할지 메뉴판에서 골라보세요.

| 유산소 체조 | 농구 | 자전거 타기 | 달리기 |

셋째, 신체 활동과 집안일을 연결해서 수행하도록 할 수 있습니다. 예를 들어, 청소하기, 강아지 산책하기, 자동차 청소하기, 빨래 널기 등의 활동을 신체 활동과 연결해 수행하게끔 할 수 있습니다. 물론 이 경우에는 적절한 보상의 제공은 동기유발을 위해서 필요할 수 있습니다.

넷째, 애플리케이션이나 기타 리마인더(reminder)를 사용하여 자폐 스펙트럼 청소년에게 운동할 시간이 되었음을 알리는 신호를 줄 수 있습니다. 예를 들어, 운동하는 날짜와 시간에 맞추어 알람을 설정해둘 수 있도록 돕습니다. 또 그날의 운동 성취를 자동으로 추적할 수 있게 스마트워치나 디지

털 만보기 등과 같은 도구를 사용하게끔 지도할 수도 있습니다.

　다섯째, 긍정적인 보상 체계를 만들어서 동기를 이끌 수 있습니다. 여러 보상 중에서 선택할 기회를 자폐 스펙트럼 청소년에게 줄 수도 있습니다. 또 약간의 흥미 요소를 추가하여 좀 더 동기유발 정도를 높이는 차원에서 돌림판에 여러 보상 유형을 적어두고 이를 가린 뒤에 돌려서 나온 보상을 받는 방식이나 주사위의 각 수에 따라 보상을 정해두고, 주사위를 던져서 나온 숫자에 해당하는 보상을 제공하는 방법 등을 고려해볼 수 있습니다. 이러한 방법을 미국에서는 '미스터리 모티베이터(mystery motivator)'라고 부르기도 합니다. 어쨌든 운동 일과를 성공적으로 완수했을 때 하루나 매주별로 받을 수 있는 특별한 보상을 부모님이나 선생님과 협의해서 결정할 수 있습니다.

〈그림〉 미스터리 모티베이터 돌림판 예시

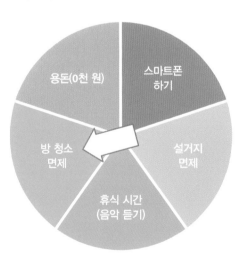

제12장

건강한
수면 습관 형성을
지원하기 위한 팁

인간에게 있어 적절한 수면은 정말 중요합니다. 기본적으로 적절한 수면 시간을 확보해야 건강을 유지할 수 있습니다. 특히 성장기에는 수면의 양과 질이 신체 발달에도 상당한 영향을 미칩니다. 학습적인 측면에서도 수면은 중요합니다. 지난 수십 년 동안 이루어진 학습에 관한 대부분의 연구에서는 뇌를 재구조화하여 학습 능력을 높일 수 있는 전략으로, 꾸준한 운동, 학습 과제를 스몰 스텝(과제분석)으로 나누기, 충분한 반복 및 연습, 시각화 (visualization) 등 함께 충분하고 질 높은 수면을 공통으로 이야기하고 있습니다. 특히 수면은 배운 개념이나 지식을 장기기억으로 전달하고, 기존의 지식과 통합하여 새로운 '깨달음'을 얻을 수 있도록 하는 뇌의 처리 과정에서 매우 중요한 요인으로 알려져 있습니다.

자폐 스펙트럼 청소년 중에는 여러 가지 이유로 충분하고 질 높은 수면을 하지 못하는 경우가 종종 있습니다. 따라서 필요할 경우 건강한 수면 습관을 만들어 나갈 수 있도록 적절하게 지원하는 일이 매우 중요합니다. 적절한 수면 습관을 형성하지 못한 학생에게 수면 습관 형성과 관련된 중재를 해보려고 한다면, 무엇보다 그 전에 확인하지 못한 의학적인 문제가 있지는 않은지 먼저 면밀하게 확인할 필요가 있습니다. 예를 들어, 뇌전증, 우울증, 당뇨, 소화 문제 등 여러 의학적 요인으로 수면 습관에 문제가 생겼을 수도 있기 때문입니다. 이러한 상황에서는 무엇보다 1차로 영향을 미치는 의학적인 문제를 먼저 치료하고 중재해야 수면 습관의 변화를 기대해볼 수 있을 것입니다.

수면에 관해서 의사 등 의료 전문가와 협의할 때는 자폐 스펙트럼 청소년의 수면 내용에 대해서 수면 일기를 1~2주일 정도 작성해서 제공하는 것이 효과적일 수 있습니다. 이때 수면 일기에는 잠을 자기 시작한 시각과 마친 시각, 전체 수면 시간, 중간에 몇 번 일어났는지, 그리고 그동안 집에서 잠을 자기 1~2시간 전에 어떤 일과가 이루어졌는지 등을 포함할 수 있습니다. 그럼 지금부터는 의학적 문제를 살핀 뒤에 특별한 문제가 없을 때, 자폐 스펙트럼 청소년이 건강한 수면 습관을 형성할 수 있도록 돕는 방법들에 대해서 살펴보겠습니다.

1. 수면의 중요성을 자세하게 설명합니다.

저도 제 아이를 키우면서 그랬습니다만, 일찍 자라고 아이에게 말하면서도 막상 왜 일찍 자야 하는지를 명확하게 설명하는 일은 잘 하지 않았던 것 같습니다. 설명해도 잘 모를 것 같다는 생각과 함께 굳이 이유를 알려 줄 필요성을 느끼지 못했던 것 같습니다. 하지만 이유를 명확하게 자주 설명해주니, 생각보다 잘 받아들이고 스스로 일찍 자기 위해서 노력하는 모습을 볼 수 있었습니다.

자폐 스펙트럼 청소년도 별반 다르지 않다고 생각합니다. 적절한 수면 시간을 갖는 일이 신체와 학습에 미치는 효과에 대해서 충분히 안내할 필요가 있습니다. 말로 자주 설명하는 것이 잔소리하는 게 아닐까 생각된다면, 자녀의 방이나 침실에 충분히 잠을 자는 것이 중요한 이유와 잠을 청할 때 도움이 되는 방법(예: 잠이 오지 않는 것 같아도 눈을 감고 있기) 등을 자녀가 이해할 수 있는 친절한 글로 적어 붙여둘 수도 있습니다. 글을 잘 모르는 아이라면 시각적인 방법(예: 그림, 사진)을 글 또는 말과 함께 활용해서 설명해줄 수 있습니다. 이 방법은 일종의 사회적 담화(social narrative)라고 볼 수 있습니다.

〈표〉 수면 습관 형성을 위한 사회적 담화의 예(그림, 사진을 포함할 수 있음)

하루를 보내고 난 뒤, 밤에는 충분하게 잠을 잡니다.
충분한 잠은 OO이의 키를 크게 도와줘요.
충분한 잠은 OO이의 몸을 건강하게 해줘요.
충분한 잠은 OO이가 오늘 배운 것을 잘 기억하게 해줘요.
그리고, 충분한 잠은 OO이가 내일 하루도 잘 보낼 수 있도록 도와줘요.
침대에 눕습니다. 그리고 눈을 감습니다.
그런데 잠이 잘 오지 않는 것 같을 때는 어떻게 해야 하지요?
그럴 때도 눈을 뜨지는 마세요.
머릿속의 생각 버튼을 끄고, 눈을 감고 있으면 어느새 스스로 잠이 들 거에요.

만약 자녀가 특별히 좋아하는 대중매체의 캐릭터나 인물이 있다면 이 인물의 사진에 말풍선을 추가해서 이유를 설명해주어, 동기를 좀 더 이끌 수도 있습니다. 이 방법은 일종의 파워 카드(power card) 전략이라고 볼 수 있습니다.

〈그림〉 수면 습관을 위한 파워 카드의 예(자녀가 좋아하는 인물, 캐릭터 활용)

2. 수면 준비시간 루틴(일과)을 만듭니다.

반복된 루틴(일과)을 따르려고 하는 자폐 스펙트럼 청소년의 성향을 고려해서, 짧고 쉽게 따를 수 있는 수면 준비시간 루틴을 만들어줄 수 있습니다. 루틴을 만들 때는 수면해야 하는 시각과 일어나야 하는 때를 미리 정해둘 필요가 있습니다. 이 시간이 하나의 루틴이 되기까지는 주말이라도 시간을 일관되게 적용하는 게 더 좋습니다. 또 수면 전 위생 관련 활동(예: 이 닦기 등) 이외에도, 수면에 도움을 주는 책 읽기, 요가 및 명상, 가벼운 마사지, 또는 잔잔한 음악 감상 등의 안정감을 높이는 활동을 포함할 수 있습니다. 다만 이러한 안정감 증진 활동을 포함한 전체 루틴은 최대 1시간은 넘지 않도록 설정하는 것이 좋습니다.

수면 준비시간 루틴을 꾸준히 지키도록 부모님이 도와줄 필요가 있지만, 이러한 지원과 함께 글, 그림, 사진 등을 활용한 시각적 스케줄(일과표)을 제공하여 사용하게끔 한다면, 차츰 이러한 루틴을 독립적으로 수행하는 과정에서 도움을 줄 수 있습니다. 마찬가지로 일과표는 자폐 스펙트럼 청소년의 인지적 수준이나 독해 능력 등을 고려해서 글의 난이도나 그림(또는 사진이나 실물)의 사용 정도를 정할 수 있습니다. 다만 그림이나 사진을 상징으로 이용할 때도, 단어나 짧은 문장으로나마 글을 함께 제시한다면, 반복 학습으로 인해 시간이 지나 자연스럽게 해당 글자를 통 글자로 읽게 될 수도 있습니다. 어떤 상징(예: 그림)과 다른 상징(예: 글자)이 같은 뜻을 가지고 있다고 인식하게 되는 과정을 응용행동분석(ABA)에서는 '자극 등가성'이라는 용어로 부르기도 합니다.

잠을 자기 전에 해야 할 일

☐ 잠옷을 입어요.
☐ 소변(또는 대변)을 봅니다.
☐ 손을 씻습니다.
☐ 이를 닦습니다.
☐ 잠을 도울 수 있는 잔잔한 음악을 틉니다.
☐ 잠이 오기 전까지 10~20분 정도 책을 읽습니다.
☐ 음악을 끄고, 책을 정리합니다.
☐ 전등을 끕니다.
☐ 잠자리에 누워 눈을 감습니다.

잠을 자기 전에 해야 할 일

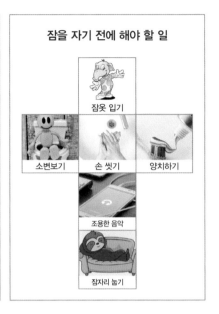

잠옷 입기 / 소변보기 / 손 씻기 / 양치하기 / 조용한 음악 / 잠자리 눕기

글을 읽을 수 있는 경우 | **글을 읽지 못하거나, 어려워하는 경우**

3. 편안한 수면 환경을 만듭니다.

상당히 많은 자폐인은 청각, 시각 등 감각적인 자극에 민감할 수 있습니다. 그렇기에 자폐 스펙트럼 청소년의 수면을 돕기 위해서는 감각적인 자극이 거의 없는 편안한 수면 환경을 만들어주는 것이 필요합니다. 이를 위해 다음과 같은 사항을 고려해보기를 추천합니다.

· 소음에 민감할 수 있으므로, 잠자는 방은 최대한 조용하게 해줍니다.

- 시각 자극에 민감할 수 있으므로, 암막 커튼 등으로 방을 어둡게 합니다.
- 방 온도를 적절하게 유지해줄 필요가 있습니다. 수면 관련 연구에서는 방 온도가 21~24도 정도로 유지될 때 수면에 적합하다고 보고하고 있습니다.
- 텔레비전, 비디오 게임, 컴퓨터, 스마트폰 등 수면에 방해가 되는 물건은 가능한 수면 시간에는 사용하지 않도록(방에 두지 않도록) 합니다.

4. 수면을 도울 수 있는 음식 섭취 및 운동 습관을 갖도록 합니다.

먼저 적절한 운동은 수면을 더 길고 깊게 하는 데 도움을 줍니다. 하지만 수면 시간과 너무 가까이에 하는 운동은 잠을 방해할 수도 있습니다. 운동은 수면 시간 2시간 전에 끝내는 게 좋다고 알려져 있습니다.

또 카페인과 설탕(액상과당)이 들어간 음료의 섭취를 제한할 필요가 있습니다. 카페인은 물론이고 당분도 각성효과가 있어 잠이 드는 것을 방해할 수 있습니다. 수면 시간 전에 간식 시간이 포함되어 있다면, 되도록 카페인이나 과당이 포함되지 않은 대체 음료를 섭취하도록 해야 합니다.

제13장

감각적
안정과 통합을
지원하기 위한 팁

자폐인들은 여러 감각에 과도하게 민감하거나 반대로 둔감할 수 있습니다. 감각에 과도하게 예민한 경우에는 생활 속에서 일상적으로 주어지는 감각적 자극에 과도하게 스트레스를 받을 수 있으며, 이를 회피하기 위한 목적으로 여러 가지 도전적 행동을 보이기도 합니다. 반대로 감각에 둔감한 경우라면, 자신에게 필요한 감각적인 자극을 덜 느끼게 되어, 감각 추구 행동으로서 다양한 자기 자극적인 행동이 나타날 수 있습니다. 이 장에서는 자폐 스펙트럼 청소년의 감각적 안정과 통합을 가정과 학교에서 지원하기 위한 팁으로서, 감각통합 중재(치료)에 대한 기본적인 개념과 가정과 학교에서 간편하게 해볼 수 있는 감각통합 증진 활동에 대해서도 살펴보도록 하겠습니다.

1. 감각의 구분

감각통합 중재에서 말하는 감각은 크게 두 가지 범주로 나눌 수 있습니다. 이 범주에는 신체 내부로부터의 감각을 말하는 근위 감각, 그리고 외부 환경으로부터 오는 원위 감각이 있습니다.

가. 근위 감각

근위 감각은 신체 내부(예: 근육, 뼈, 관절, 피부 등)로부터 발현되는 감각을 말합니다. 전정감각, 고유수용성 감각, 촉각계 등을 포함합니다. 전정감각은 특히 귀와 관련되어 있습니다. 신체의 균형을 담당하는 감각 기능이기도 합니다. 중력 안정감, 동작과 균형, 근 긴장도, 신체 양측의 협응, 청지각 및 언어의 정보처리 과정, 시공간 지각, 운동실행 계획 등의 기능을 담당하고 있다고 알려져 있습니다. 고유수용성 감각은 뼈나 관절 등에 포함되어 있는 감각입니다. 몸의 가동과 동작, 힘의 조절 등을 뇌에 전달하여 알려줍니다. 신체인식, 운동조절과 운동실행 계획, 움직임의 강약 조절, 자세 안정, 정서적인 안정감 등의 기능을 담당하고 있다고 알려져 있습니다. 촉각계는 피부를 통해 얻게 되는 감각입니다. 촉지각, 신체 인식, 정서적 안정감, 사회적 기술 등과도 관련되어 있다고 합니다.

사람이 느끼는 다양한 감각을 음식에 비유하자면, 이러한 근위 감각은 아침, 점심, 저녁에 먹는 밥(주식)이라고 할 수 있습니다. 그만큼 적절하게 근위 감각이 충족될 수 있도록 하는 일은 중요합니다. 근위 감각이 적절하게 충족되지 못할 때 뒤이어 설명할 다양한 원위 감각을 추구하는 형태로 자기자극 행동이 나타날 수 있다고 합니다. 따라서 감각통합 중재의 핵심은 이러한 근위 감각 기능의 향상과 충족에 가장 중요한 목적이 있습니다.

나. 원위 감각

원위 감각은 외부 환경으로부터 오는 감각을 말합니다. 주로 시각, 청각, 후각, 미각 등을 포함합니다. 전체적인 감각을 음식에 비유하자면, 원위 감각은 주식이 아닌 간식 정도로 표현할 수 있습니다. 우리가 충분하게 식사를 하지 못하면 자꾸 간식이 생각나듯, 앞서 설명한 근위 감각이 적절하게 충족되지 못할 때 원위 감각을 과도하게 추구하는 행동이 나타날 수 있다고 알려져 있습니다.

2. 근위 감각의 기능이 적절하지 못할 때 나타나는 행동들

근위 감각의 기능이 적절하지 못할 때 나타나는 행동들을 살펴보면 다음과 같습니다.

가. 전정감각 기능이 적절하지 못할 때

첫째, 놀이터 활동, 그네타기, 미끄럼틀 타기 등을 싫어하고 힘들어합니다.
둘째, 늘어지고 지쳐있는 모습을 보입니다.
셋째, 움직임이 부자연스럽고 과도하게 둔합니다.
넷째, 자신의 신체에 대한 인식이 부족합니다.
다섯째, 대근육 및 소근육 운동 기술이 부족합니다.
여섯째, 움직이는 물체를 시선으로 쫓아가는 일을 어려워합니다.

나. 고유수용성 감각 기능이 적절하지 못할 때

첫째, 연필을 너무 헐겁게 잡거나, 부러질 정도로 꽉 잡는 모습을 보입니다.

둘째, 의자에 앉을 때 구부정하게 앉는 모습을 보입니다.

셋째, 옷을 입거나 벗을 때 다리를 어떻게 해야 할지 어려워합니다.

넷째, 주변의 물건에 의도적으로 강하게 돌진하거나 부딪히는 것을 좋아합니다.

다섯째, 국소의 감각을 추구하려는 목적으로 까치발로 걷는 모습을 보입니다.

다. 촉각계 기능이 적절하지 못할 때

첫째, 가벼운 접촉을 하거나, 접촉이 예상될 때 부정적인 감정을 나타냅니다.

둘째, 모래놀이, 손가락으로 그림 그리기, 점토 놀이 등을 싫어합니다.

셋째, 다른 친구들이 나를 만질까 봐 함께 놀기를 피하곤 합니다.

넷째, 보지 않으면 누군가가 자신의 신체 어느 부분을 만지는지 잘 모릅니다.

다섯째, 정밀하게 무엇을 조작하는 소근육 기술이 부족합니다.

3. 감각통합 중재의 기본 원칙

감각통합 중재의 기본 원칙을 살펴보면, 첫째로 기본적인 감각자극(전정감각, 고유수용성 감각, 촉각계)을 풍부하고 지속해서 제공함으로써, 뇌의 기능을 높이는데 감각통합 중재의 주된 목적이 있습니다. 따라서 이러한 자극이 포함되어 있으면서도 자폐 스펙트럼 아동과 청소년의 흥미를 유발할 수 있는 신체 놀이 활동을 고안하고 적용해야 할 필요가 있습니다. 둘째, 감각자극의 종류와 정도의 선택은 뇌로 주어지는 영향을 고려해서, 아동의 반응을 관찰하면서 차츰 결정해나갑니다. 셋째, 활동을 준비할 때는 성취감을 맛보게 하여 자신감을 주고, 다음 발달 수준으로 도달할 수 있는 자신감을 얻을 수 있도록 알맞은 수준으로 준비합니다. 이를 감각통합 중재에서는 적응반응 수준이라는 용어로 부릅니다. 넷째, 정상적인 발달과정에 기초를 둔 활동을 고려해서 중재를 진행하는 것이 필요합니다.

4. 가정과 학교에서 적용해볼 수 있는 간단한 감각통합 중재 활동들

감각적인 안정과 통합에 어려움이 있는 자폐 스펙트럼 아동과 청소년을 위해서는 전정감각 증진 활동, 고유수용성 감각 증진 활동, heavy muscle action(큰 근육을 사용할 수 있는 활동), 구강 활동, 근육과 관절을 꾹꾹 눌러주는 등의 깊은 압박을 주어 터치하는 활동, 적절한 온도, 청각, 후각, 맛 등의 감각을 제공하는 활동 등을 필요에 맞게 진행할 수 있습니다. 지금부터 이러한 활동에 대해서 영역별로 살펴보겠습니다. 몇 가지 활동은 이해에 도움을 드리기 위해서 사진으로도 제시하였습니다. (다만 가르치고 있는 학생을 대상으로 한 촬영은 초상권 문제가 있어, 아직 어린 저자의 자녀가 활동하는 모습으로 대체하여 제시하였음을 양해 바랍니다.)

가. 자세 조절 능력 향상을 위한 항중력 근육의 발달 촉진 활동(전정감각, 고유수용성 감각의 기능 향상도 가능함)

· 손수레 걷기 자세(wheelbarrow walking): 아동 또는 청소년의 다리를 성인이 잡은 상태에서 아동 또는 청소년이 팔을 이용해서 엎드려 이동하는 자세를 말합니다. 다리를 잡아주는 일이 힘들다면, 배에 큰 공이나 쿠션을 대서 손수레 걷기 자세를 만들어 줄 수도 있습니다. 이러한 자세에서 간단한 소근육 기술 향상 활동(예: 나사 맞추기, 간단한 조립 활동 등)을 짧게나마 해봐도 좋습니다. 가정에서는 손걸레로 엎드려서 바닥을 미는 등의 청소 활동과 연계해보는 것도 좋은 방법이 될 수 있습니다.

· 다양한 동작 만들어 걷기: 곰 자세, 펭귄 자세, 거북이 자세, 뱀 자세 등등 다양한 걷기 동작을 만들어서 걸어보도록 해봅니다. 동물 동작을 흉내 내는 게임이나 연극 놀이, 체육 활동 등에 포함해서 진행해도 좋습니다. 예를 들어 수업 시간이라면 학생들이 번갈아 가면서 동물을 정하고, 걷는 모습을 따라 하도록 지도할 수 있습니다.

〈표〉 항중력 근육 발달 촉진 활동 예시

손수레 걷기 자세

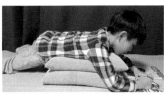
손수레 걷기 자세 변형(쿠션)

다양한 동작 만들어 걷기

나. 상지 안정성 촉진 활동

상지의 큰 근육을 사용할 수 있는 활동(heavy work)으로 세탁기나 건조기에서 세탁물을 잡아서 빼는 활동, 암벽등반 놀이 등의 매달리기 활동, 벽에 양손을 대고 힘을 주어 밀어내는 활동, 탄력밴드 등을 활용해서 힘을 주어 당기는 활동, 씨름 등을 통해서 상지, 그중에서도 어깨 근육의 안정성을 높일수 있도록 합니다. 상지 안정성이 높아지면 소근육 조작 능력의 향상도 어느 정도 기대해볼 수 있습니다.

〈그림〉 상지 안전성 촉진 활동 예시

 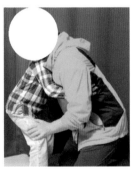 

벽에 양손을 대고 힘을
주어 밀어내는 활동

씨름 활동

탄력밴드(세라밴드)를
이용한 매달리기 활동

다. 균형 능력을 키우는 활동

평균대 걷기, 선 밟고 걷기, 트램펄린에서 뛰기, 각종 그네를 활용한 그네타기, 등받이가 없거나 T자 모양으로 얇은 의자에 일정 시간 균형 잡고 앉기 등으로 균형 능력을 키우는 활동을 꾸준히 해보도록 돕습니다.

라. 신체 이미지 형성을 돕는 활동

자신의 신체 구성과 감각을 이미지화하여 인식할 수 있도록 돕는 방법으로, 전반적으로 신체 전반을 푹신푹신한 재질의 것을 활용해서 적절한 강도로 꽉 눌러주는 활동이 주를 이룹니다. 이불이나 매트를 이용한 '김밥말이' 활동, 또는 이불이나 매트를 뒤집어쓰고 노는 유령 놀이 활동, 관절 부분을 적절한 압력으로 압박하는 활동 등을 예로 들 수 있습니다. 다만 이러한 활동을 수행할 때는 과도하게 위험한 놀이가 되지 않도록 주의하고, 안전에 문제가 될만한 요소는 없는지 계속해서 살피는 것이 중요합니다.

〈그림〉 균형 능력 향상과 신체 이미지 형성을 돕는 활동 예시

트램펄린 뛰기   등받이 없는
의자에 앉기   매트나 이불 등을
활용한 '김밥 말이' 활동

마. 물기와 이 갈기, 빨기 등으로 인한 도전적 행동이 계속될 때는

· 다양한 모양의 빨대를 사용해서 좋아하는 음료를 빨아 먹는 활동

· 하모니카, 피리, 휘슬 등을 다양하게 불어 보는 활동

· 비눗방울 불기 활동

· 턱 주변 마사지 또는 손가락이나 도구를 활용한 구강 마사지 활동(유튜브에서 '감각통합 구강 마사지' 등으로 검색하여 참조: youtu.be/7k3-NsXdfj8)

· 오렌지, 사과, 스트링 치즈 등과 같은 음식을 씹는 활동

바. 지속해서 달리고 빙빙 도는 도전적 행동이 계속될 때는

· 소음이 최소화될 수 있는 매트리스 위에서 뛰기

· 트램펄린이나 커다란 공 위에서 부모님이나 선생님 손잡고 뛰기

· 네발 기어가기 자세로 거실 걸레질하기

· 등산, 수영하기(적절한 보상을 활용하기를 추천함)

· 탄력밴드(세라밴드) 늘리고 잡아당기기 등

사. 손으로 치고, 쥐어 잡고, 누르려 하고 잡아당기는 행동이 계속될 때는

· 누르면 거품이 나오는 형태의 물놀이 장난감을 가지고 목욕탕에서 놀이하기

· 북, 장구 등의 타악기 연주(두드리기) 활동: 난타

· 제품 보호용 비닐(일명 '뽁뽁이') 터트리기, 푸쉬팝(팝잇) 가지고 놀기

· 다양한 느낌의 슬라임 가지고 놀이

· 밀가루 반죽 놀이하기

〈그림〉 감각적 요인으로 인한 도전적 행동을 줄이는 데 도움을 줄 수 있는 활동 예시

비눗방울 불기　　　　가벼운 등산하기　　　　푸쉬팝(팝잇) 가지고 놀기

　자폐 스펙트럼 아동과 청소년이 보이는 모든 도전적 행동이 감각적인 발달의 문제로 인해서 발생하는 것은 아닙니다. 하지만 앞서 설명한 대로 감각적인 문제로 인해서 나타나는 도전적 행동의 경우에 감각통합 중재의 전략들을 가정과 학교에서 적절하게 활용해보는 것도 좋은 수단이 될 수 있다고 생각합니다. 다만 이 책의 저자인 저는 특수교육자로 감각통합치료 전문가가 아닙니다. 여러 서적이나 자료 등을 통해서 가정과 학교에서 적용할만한 기본적인 감각통합 중재 전략에 대해서 간략하게 제시하고, 저 스스로도 종종 적용해보고 있을 뿐입니다. 그래서 더욱 자세한 내용은 관련 서적이나 자료를 통해서 학습하시기를 바랍니다.

　끝으로 이 장에서 참고한 유튜브 동영상 링크를 제시하면서 마치도록 하겠습니다(youtu.be/SfUZ0pS0pqI). 사단법인 한국장애인부모회에서 제작한 부모교육 동영상으로 유튜브 검색창에 '우리 아이 감각발달 증진시키기'라고 검색하셔도 시청할 수 있습니다. 한편, 유튜브에서 'seoul PBS'라고 검색해도, 시울시교육청에서 운영하는 채널에서 감각통합중재나 기타 행동지원과 관련된 다양한 동영상 자료를 무료로 시청할 수 있으니 참고 바랍니다.

제14장

이성과의 원활한 만남을 지원하기 위한 팁

청소년 시기에 이르면 이성에 대한 관심이 높아집니다. 이성에 대한 관심은 인간으로서 갖는 보편적이고 당연한 마음입니다. 자폐 스펙트럼 청소년에게도 예외는 아닙니다. 다만 자폐 스펙트럼이나 다른 장애가 있고 없고를 떠나서, 이성과의 사회적 관계를 잘 맺고, 원활하고 안전한 만남을 유지하기 위해서는 적절한 교육이 이루어져야 합니다. 이 장에서는 자폐 스펙트럼 청소년이 이성과의 사회적 관계를 적절하게 맺고, 원활한 만남을 가질 수 있도록 돕는 방법을 살펴보고자 합니다. 본격적이고 폭넓은 성교육 프로그램을 다루는 것은 아니고 이성과의 관계와 만남에 한정해서 이야기하고 있음을 기억해주시기 바랍니다.

1. 시각적 지원

목표 기술의 이해를 돕기 위해서 가르치고자 하는 개념의 시각적인 예시를 제공합니다.

· 사람의 감정을 구별하기 위한 연습을 해보도록 합니다. 여러 감정에 따른 표정을 사진으로 찍어서 방에 붙여두고 매일 아침이나 시간이 날 때마다 구별하고, 따라서 표정을 지어보는 연습을 해볼 수 있도록 돕습니다. 2022년 여름에 방영한 인기 드라마 〈이상한 변호사 우영우〉 1화에 보면 이런 장면을 볼 수 있습니다. 드라마에서는 주인공의 아버지가 자신의 여러 표정을 사진으로 찍어 보드에 붙여두는 방법으로 주인공이 아침마다 연습할 수 있도록 도왔습니다.

· 만남(데이트)을 갖고자 하는 사람에게 원하는 날짜와 시간, 장소를 묻는 등과 같이 핵심이 되는 내용들을 연습하는 과정에서 대본(스크립트)을 사용할 수 있도록 돕습니다. 대본을 만들 때는 자폐 스펙트럼 청소년의 언어적 능력과 상징 이해 능력을 고려해서, 문장의 난이도나 그림 상징의 포함 정도를 결정할 수 있습니다.

2. 비디오 모델링(video modeling)

적절한 관계 맺기 및 데이트에서의 바람직한 행동을 꾸준히 보고 참고할 수 있도록 동영상을 활용하여 예시를 제공합니다.

· 상대방과 대화를 시작하기 위해서 사용하는 적절한 신체적 언어(보디랭귀지) 등과 같은 사회적 기술을 익힐 수 있도록 동영상을 활용하여 예시를 제공할 수 있습니다. 이러한 짧은 동영상 클립을 스마트폰 등에 저장해서 필요할 때마다 스스로 재생해서 참고하도록 가르치면 더욱 효과적일 수 있습니다. 동영상은

스마트폰으로 손쉽게 찍을 수 있고, 'kine Master(키네마스터)' 등의 동영상 편집 애플리케이션을 활용하면 무료로도 비교적 손쉽게 편집 작업을 해볼 수 있습니다.

· 이성과의 만남에 있어서 (혹은 꼭 이성과의 만남이 아니더라도) 용모를 단정하게 하고, 신체를 깨끗하게 유지하는 일은 매우 중요합니다. 이성과 만나기 전 양치질을 하고, 머리를 감고, 단정하게 빗고, 계절과 상황에 적절한 옷을 골라 입는 과정, (특히 여성이라면) 적절한 정도로 화장하는 방법 등을 먼저 충분하게 시범 보여주고, 이후에는 동영상을 활용해서 스스로 시청하고 참고하게끔 도울 수 있습니다. 특히 유튜브에는 머리 손질 방법, 기초화장 방법 등에 관한 다양한 동영상이 있어 꼭 동영상을 새로 만들지 않고도 참고 자료로 쓸 수 있습니다.

3. 사회적 담화(사회적 이야기)

사회적 담화는 어떠한 사회적 상황에 대한 이해를 도울 수 있는 네러티브 혹은 이야기입니다. 기본적으로는 글을 사용하지만, 필요에 따라 그림, 사진, 만화 등 시각적인 지원을 함께 활용할 수 있습니다. 사회적 담화에서는 주제로 삼은 사회적 상황에 대해서 참고할 수 있는 중요한 단서를 강조합니다. 그리고 그 상황에서 보일 수 있는 적절한 사회적 반응의 예를 제시함으로써, 미리 준비할 수 있도록 돕습니다.

· 자기 모습 가꾸기, 독립적인 결정하기 등과 같은 요소들이 어떻게 성공적인 이성과의 만남과 연결될 수 있는지의 중요성을 설명하기 위해서 사회적 담화를 이용할 수 있습니다.

· 직접적이지는 않지만, 대부분이 어느 정도 공유하고 있는 데이트 규칙(예: 완곡한 거절 표시에 대한 이해 등)을 가르치기 위해서 사회적 담화를 사용할 수 있습니다.

〈표〉 데이트 규칙 안내를 위한 사회적 담화의 예(그림 등을 포함할 수 있음)

나는 **(이)에게 "나랑 영화 보러 가지 않을래?"라고 물어봤습니다.
**(이)는 "바쁠 거 같아."라고 말했습니다.
**(이)가 바쁘다고 말한 것은 실제로 바쁠 수도 있지만, 나와 만나고 싶지 않다는 뜻일 수도 있습니다.
이 상황에서 나는 "그래. 알겠어. 그럼 다음에 네가 시간이 되면 말해줘." 정도로 말할 수 있습니다.
이런 상황에서는 다른 날짜를 골라 달라는 말은 하지 않는 게 좋습니다.

---

4. 역할 놀이(role-playing)

관계 맺기나 데이트 과정에서 필요한 사회적 의사소통을 꾸준히 연습할 수 있도록 돕습니다.

· 신체적 언어(보디랭귀지), 표정 등과 같은 비언어적 의사소통을 적절하게 수행

하도록 연습하기 위해서 역할 놀이를 활용합니다.

· 관계를 맺거나 데이트를 하는 과정에서 이루어진 적절하지 않은 행동을 분석
하고 적절한 대안을 찾을 수 있도록 복습 역할 놀이를 해봄으로써, 다음에는
같은 실수를 반복할 가능성을 줄입니다.

이외에도 부모님이나 선생님을 포함해서 데이트 기술을 가르치는 사람
은 자폐 스펙트럼 청소년이 보인 올바른 행동에 대해서 구체적으로 언급하
며 칭찬하고, 약속된 보상을 제공하여 긍정적인 행동을 증진할 필요가 있습
니다. 또 이들을 가르치고 지원하는 사람은 정기적으로 스스로 올바른 도움
과 적절하게 지도하고 있는지 점검할 수 있어야 합니다. 특히 부모님 등 가
족 구성원은 새로운 기술을 가르치는 기회로 이들의 실수를 활용할 수 있습
니다. 그리고 이 과정에서 가족 구성원 간의 활발하고 허용적인 분위기에서
의 열린 소통이 필요합니다.

블로그 참고 자료

장애 학생의 성교육, 인권(자기 옹호)교육을 위
한, 가정학습기간에 활용할 수 있는 온라인 교
육 콘텐츠(동영상 자료) feat. 국특원 에듀에이블
blog.naver.com/bjs718/221881096232

3.

자폐 스펙트럼 청소년을 위한 환경 구조화 전략: TEACCH

제15장

물리적 구성 방법

1. 티치(TEACCH) 프로그램에 대해서 알아봅시다.

티치(TEACCH: treatment and education of autistic and related communication-handicapped children) 프로그램은 미국의 노스캐롤라이나주에서 40여 년 전에 시작되어 오늘날 미국 전역은 물론, 영국과 북유럽을 포함한 전 세계에서 주목받고 있는 자폐인을 위한 포괄적인 프로그램입니다. 티치 프로그램의 원리는 자폐인들이 일상생활을 할 때 가능한 자립적으로 활동할 수 있도록 지원하면서, 비장애인들과 더불어 살아가고 함께 일하는 것을 지향합니다.

티치 프로그램에서 바라보는 자폐증(autism)이란, 사람 사이의 의사소통을 비롯하여 인지적, 사회적, 그리고 행동상의 기능에 커다란 혼란과 영향을 미칠 수 있는 복합적인 장애입니다. 따라서 이 심도와 복합성에 대응하기 위해서는 특수교육이나 치료교육이 단순히 단일 차원의 것을 넘어서는 포괄적인 접근법이어야 한다고 말하고 있습니다. 티치 프로그램의 원리와 철학, 주요 기법은 다음과 같이 요약할 수 있습니다.

· 특수교육(치료교육)은 부모(가족)와 전문가가 친밀한 협력 관계에서 실행해야 합니다. 예를 들어, 가족이 자폐 스펙트럼에 있는 자녀와 가정에서 안정된 생활을 영위하기 위해 요구되는 생활 기능을 우선적인 교육목표로 삼고, 점차 사회적인 삶을 위해 필요한 기능과 지식을 가르칠 수 있습니다.

· 특수교육자(치료교육자)는 전문가(스페셜리스트)이자 제너럴리스트(전반적인 관련 지식과 경험을 갖추어 조정자의 역할을 할 수 있는 자)가 되어야 합니다. 다시 말해서 특수교육에 관한 전문성과 함께 치료지원, 상담 등 다양한 관련 서비스(related services) 분야에 대한 지식을 폭넓게 갖추고 있는 전문화된 제너럴리스트(specialized generalist)가 되는 것이 이상적입니다.

· 특수교육(치료교육) 프로그램은 포괄적으로 개발되고, 조정되어야 합니다. 또 이러한 프로그램은 생애 전반에 걸쳐 지원되어야 합니다. 그리고 특수교육(치료교육)은 어디까지나 개별화의 관점에서 실행되어야 합니다. 개별 학생의 특성에 따라 맞춤형 교육과 지원이 필요하다는 뜻입니다.

· 의사소통을 가르칠 때는 먼저 '구조화에 의한 지도'를 기본으로 합니다. 예를 들어, 새로운 기술을 익힐 때는 한 가지 상황에서 한 가지 기술만 배울 수 있도록 합니다. 그리고 점차 우발적 상황에서의 교육과 의도적으로 의사소통이 필요한 환경을 만들어서 가르치는 자연적 중재(naturalistic intervention)를 함께 활용할 수 있습니다.

· 구어를 이용한 의사소통의 어려움이 있다면 필요할 경우, 몸짓, 실물, 그림 카

드, 문자, 의사소통 보조기기 등을 포함하는 보완대체 의사소통 체계(AAC)*를 적극적으로 활용할 수 있습니다. 그림(사진) 카드를 주로 이용해서 의사소통의 교환개념을 가르치는 그림 교환 의사소통 체계(PECS)*도 한 예가 될 수 있습니다. 자발적인 의사소통을 이끌기 위해서는 신체적 촉진(도움, 지원)에서 모델링(시범 보여주기), 시각적 단서, 직·간접적인 언어적 촉진(일종의 힌트), 물리적으로 옆에 있는 것(접근)과 응시하며 기다려주기, 마지막으로 단서 없는 자연스러운 상황에서의 사용의 순서로 점차 촉진(도움)의 정도를 줄여가면서 가르칠 수 있습니다.

티치 프로그램에 대한 보다 자세한 정보와 내용은 〈TEACCH, 지금 행복하고 건강하게 자폐와 더불어 사는 법〉이라는 책을 참고하시면 많은 도움이 될 것입니다.

---

* 보완대체 의사소통 체계(augmentative and alternative communication system)는 일반적인 말(구어)을 이용한 대화가 어렵거나, 원활한 의사소통에 부족함이 있는 경우 보완 또는 대체로 사용할 수 있는 의사소통 체계입니다. 쉽게 말해서 말 대신에 언어를 전달할 수 있는 수화, 몸짓 상징(모디랭귀지), 그림 카드, 의사소통판, 의사소통 보조기기 등이 모두 포함됩니다. 최근에는 플레이 스토어 등에 AAC라고 검색하시면, '나의 AAC'등 잘 만들어진 보완대체 의사소통 체계 애플리케이션이 개발되어 무료로 내려받아 활용할 수 있습니다. 여러 연구에서 밝혀진 바로는 보완대체 의사소통 체계를 사용해도 구어 발달을 저해하지 않습니다. 반대로 구어 발달 가능성을 높인 수 있다는 연구 결과가 입증되어 있습니다.

* 그림 교환 의사소통 체계(Picture Exchange Communication system)는 AAC의 한 형태로 그림(사진)카드를 교환하면서 상대방에게 자신의 의도를 전달할 수 있도록 교육하는 방법입니다. 예를 들어, 초기에는 학습자가 축구공 그림 카드를 제시하면, 상대방이 실제 축구공을 주는 과정을 반복해서 연습합니다. 그림 교환하기 →의사소통 거리 늘리기(자발적으로 교환하기) →그림 카드 변별하기 →문장으로 표현하기 및 확장하기 →(문장으로) 질문에 답하기 →언급하기의 6단계로 진행될 수 있습니다. 더욱 자세한 설명은 저자의 블로그 글(blog.naver.com/bjs718/222310631548)을 참고해 주시기 바랍니다.

2. 티치 프로그램의 핵심: 구조화

티치 프로그램에서 가장 중요한 개념 중 하나는 '구조화'입니다. 그래서 티치 프로그램을 구조화된 교수(structured instruction)의 일종으로 부르기도 합니다. 구조화는 자폐 스펙트럼에 있는 사람들에게 교육적 지원을 제공할 때, 그들이 생활 환경이나 학습 환경의 의미를 이해하고, 무엇을 해야 하는지를 좀 더 알기 쉽게 하려고 고안되었습니다.

이러한 구조화에서 중요한 지향점은 '시각화'와 '예측 가능성'입니다. 다시 말해, 자폐 스펙트럼에 있는 사람들이 시각적 학습자인 점을 고려하여, 최대한 시각적인 방법으로 정보를 제시합니다. 또 이들이 일과(루틴)의 꾸준한 유지를 통한 예상할 수 있는 상황에 안정감을 느끼곤 하기에, 이를 반영해서 가능한 예측을 유지하는 데 목적을 두고 있습니다. 이 목적을 달성함으로써, 자폐 스펙트럼 아동과 청소년의 학습 능률을 높이고, 반대로 예측의 어려움 등에서 오는 다양한 도전적 행동(문제행동)의 발생은 감소시키는 것을 티치 프로그램에서는 지향하고 있습니다. 그리고 티치 프로그램의 핵심인 '구조화'에는 크게 네 가지 요소가 포함됩니다.

가. 물리적 구성(구조화)

나. 시각적 스케줄(일과표)

다. 작업체계(작업 시스템)

라. 과제의 조직화(과제편성, 시각적 구조화)

3. 물리적 구성(구조화)은 이렇게 합니다.

자폐 스펙트럼 아동과 청소년 나아가 성인을 위한 물리적 환경의 구성 핵심은 각 장소나 상황의 의미와 역할을 명확하게 설정하고 이해하기 쉽도록 시각적으로 구분하는 것입니다. 이를 통해 해당 장소에 갔을 때 무엇을 해야 하는지 예측할 수 있도록 도울 수 있습니다. 따라서 물리적 구성(구조화)은 가정이나 학교 교실의 공간을 배치할 때 가구, 칸막이, 카펫(매트), 라인 테이프 등을 활용해서 시각적으로 각 공간을 구분하는 작업을 말한다고 볼 수 있습니다. 자폐인을 위한 환경의 물리적 구성 원칙을 몇 가지 살펴보면 다음과 같습니다.

· 자폐 스펙트럼 아동과 청소년의 발달적 장애 정도가 더 깊을수록 칸막이, 선반, 크고 작은 가구 등을 이용해서 공간을 가리거나, 구역 나누기를 명확하게 하여 다른 구역에서의 시각적 자극(예: 여가생활 코너에 있는 컴퓨터, 오락기 등)을 차단할 수 있습니다. 다만 이때 장소를 이용하는 아동이나 청소년이 충동성이 강하거나, 갑작스러운 이동을 제어하기 힘든 경우라면, 가구와 같이 단단한 물건으로 공간을 가리는 것은 자칫 안전사고를 유발할 수 있습니다. 이럴

때는 모서리 보호대, 안전 쿠션 등을 붙여두거나, **천장에 구역별로 블라인드나 커튼을 설치해서 필요에 따라 선택적으로 공간을 가릴 수 있습니다.** 병원 입원실 침대마다 프라이버시 보호를 위해 'ㄱ' 모양으로 설치된 커튼 구조처럼 말입니다. 다만 발달장애의 정도가 깊지 않은 경우라면 라인테이프나 각 구역별 명칭을 게시하는 것으로 갈음할 수 있습니다.

· 공간 내 각 구역별로 장소와 활동을 가능한 1:1 대응시킵니다. 다시 말해서 하나의 구역을 다목적으로 사용하기보다는 한 구역에서는 미리 정해진 하나의 활동만 하도록 하여, 자폐 스펙트럼 아동과 청소년이 해당 장소에 이동하게 되면 어떤 활동이 진행되고, 자신은 무엇을 해야 하는지 점차 예측할 수 있도록 합니다. 예를 들어, 교실 안에서도 여가생활 코너에서는 여가생활 활동을 즐길 수 있도록 하고, 개별 학습 코너에서는 학습활동을 일관적으로 실행하는 방식으로 공간을 1:1 대응할 수 있습니다. 예를 들어 가정에서도 숙제와 같은 개별 학습을 하는 장소를 정해두고, 다른 장소(예: 거실, 침실 등)에서는 학습활동을 하지 않도록 함으로써, 자녀의 예측 가능성을 높이고, 예측하지 못한 일과에 따른 도전적 행동의 발생 가능성을 줄일 수 있습니다.

· 교실이나 가정에서는 모둠 학습공간, 개별 학습공간, 정보검색 공간, 휴식(여가생활) 공간 등을 별도로 설정하여 물리적인 구조화를 제공할 필요가 있습니다. 물론 상황이나 장소의 크기에 따라 가능한 만큼만 시도해볼 수 있을 것입니다. 또 앞서 말씀드렸듯이, 구별된 각 구역은 크고 작은 가구, 색이 다른 매트, 라인 테이프 등을 사용하여 시각적으로 구분할 수 있게 합니다. 그런데 사실 대부분 우리나라 특수학교는 교실 한 칸의 크기가 일반 초등학교 교실 정도

이거나, 이보다도 꽤 작은 경우가 많습니다. 심지어 일부이기는 하지만 아직도 반 칸짜리 교실을 한 학급으로 사용하기도 합니다. 이런 규모에서는 앞서 말씀 드린 구역 나누기를 통한 물리적 구조화가 현실적으로 어렵습니다. 적어도 요즘 신설되는 특수학급 정도나 일반 초등학교의 특별실(보통 일반 교실의 1.5배 이상 크기) 정도의 공간은 확보될 수 있도록 특수학교 신·증설 및 급당 학생 수 감축 등의 노력이 장기적으로 꼭 필요합니다. 특히 전공과의 경우에 법령상 학급당 인원이 고등학교 과정에 준하게 되어있음에도 이보다 더 많은 수를 배치 기준으로 삼는 시·도가 2022년 기준으로 적지 않습니다. 전공과 급당 인원 배치는 현 법령의 개정을 요구하는 사안이 아닌 만큼 적어도 고등학교 과정에 준하도록 먼저 개선해 나가야 한다고 봅니다.

· 거울이나 창문 가까이에는 학습 구역이나 작업 구역 등 핵심적인 역할을 하는 구역을 배치하지 않습니다. 이는 불필요한 시각적 자극의 발생을 예방하기 위함입니다. 그리고 출입문도 적절하게 관리하여, 갑작스러운 교실 이탈 행동 등을 예방할 필요가 있습니다.

· 교재나 교구는 학습 구역 한군데에 모아 두도록 합니다. 그리고 자폐 스펙트럼 아동과 청소년이 완성해낸 학습 결과를 둘 공간도 확보해야 합니다.

〈그림〉 교실에서의 물리적 구조화 예시

전자 칠판	출입구

교사책상 (또는 수업준비 장소)	

모둠(집단) 학습 구역

개별 학습 구역 (책상마다 칸막이 설치)	개별 학습 구역 (책상마다 칸막이 설치)

정보 검색 구역
(컴퓨터 2~3대를 비치하여 학습 중 필요 시 정보 검색 및 정보통신 학습 공간으로 활용)

여가생활 공간
(플레이스테이션 등 게임기 · 블루투스 스피커 · TV · 각종 놀이도구 설치, 커튼으로 시각적인 분리, 바닥에는 매트 깔기, 쇼파 비치 가능)

개인 휴식 공간, 파우더룸
휴식이 필요한 학생을 위한 공간, 컨튼 등으로 시각적인 분리, 차폐 헤드셋 등으로 소음 차폐, 필요하다면 방음 기능 및 안전쿠션이 포함된 부스 설치 가능)

교구 등 보관함	학급규칙 게시	학습 결과물 전시

제16장

예측 가능성을 높이기 위한 시각적 스케줄

시각적 스케줄(일과표)은 말 그대로, 한눈에 확인할 수 있는 시각적인 방법으로 일과나 활동의 순서를 제시하는 전략입니다. 쉽게 말해서, 흔히 사용하는 시간표나 일정표를 좀 더 시각적이면서도 단순화하여 일과나 활동의 진행을 미리 확인할 수 있게 해줍니다. 시각적 스케줄은 다음에 이어질 일과나 활동 순서를 예측할 수 있게 해준다는 점에서 자폐 스펙트럼에 있는 사람에게 필수품이나 다름없습니다. 자폐 스펙트럼에 있는 사람에게 예측되지 못한 갑작스러운 상황이나 일과의 변경은 공포감이나 심한 스트레스를 줄 수 있으며, 이러한 감정을 다양한 도전적 행동으로 나타날 수 있기 때문입니다.

학교에서는 개별 책상, 사물함 문, 교실 내 지정된 게시 장소에 자폐 스펙트럼 학생 개별이나 전체를 위해 당일의 활동이나 활동 안에서의 순서를 시각적으로 제시할 필요가 있습니다. 가정이라면 자녀를 위해 아침 시간, 저녁 시간 또는 (주말이나 방학이라면) 종일에 걸친 일과 순서를 시각적으로 제시할 수 있습니다. 이때 당연히 발달적, 인지적 수준을 고려해서 실물, 사진, 그림,

단어, 문장 등을 선택적으로 활용할 수 있습니다.

한편, 앞서 파트 I 에서 설명하였듯, 일정 변경이나 이동에 심한 어려움을 보이는 경우라면, 일종의 개별 전환공간(transition area)을 제공할 수 있습니다. 장소나 상황으로의 이동 전에 전환공간에 잠시 방문하여 시각적 스케줄을 보면서 자신의 다음 일정을 확인한 뒤 약간 숨을 고르고, 이동해 볼 수 있도록 지원합니다. 가정에서라면, 자녀의 방을 전환공간으로 이용하거나, 꼭 어떠한 방이 아니더라도 휴대용 시각적 스케줄을 가지고 다닐 수 있도록 하면서 다음 일정 전에 스케줄을 확인하면서 준비할 수 있게 지원할 수 있습니다. 이러한 휴대용 시각적 스케줄을 스마트폰에 저장해두고 필요할 때마다 꺼내 보도록 지도한다면, 사회적 수용도 측면이나 활용성 측면에서 좀 더 효과적이라고 볼 수 있습니다. 지금부터는 시각적 스케줄의 몇 가지 예를 살펴보도록 하겠습니다.

1. 먼저-다음에(first-then) 시각적 스케줄

먼저-다음에(나중에) 시각적 스케줄은 대표적인 시각적 지원 전략 중 하나입니다. 말 그대로 지금 해야 할 활동과 이어서 해야 할 활동만 시각적으로 제시합니다. 이 전략은 이러한 단순함이 주는 장점 덕분에, 특히 발달적 장애의 정도가 깊은 자폐 스펙트럼 아동과 청소년을 교육하고 양육하는 과정에서 활용도가 높습니다. 먼저-다음에 시각적 스케줄은 보통 그림 상징을 '넣었다 뺐다' 할 수 있는 카드 형태로 제작해서 부모님이나 선생님이 필요할 때마다 직접 자폐 스펙트럼 아동과 청소년에게 보여주면서 다음 활동을 예측할 수 있게 도와줍니다.

〈그림〉 '먼저-다음에' 시각적 스케줄의 예

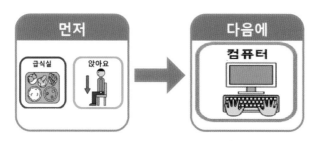

* 그림 출처: 장애학생 위기 행동 대처 매뉴얼(2019, 인천광역시교육청)

먼저-다음에 시각적 스케줄은 지금 해야 할 활동(과제)과 바로 다음에 해야 할 활동(과제)를 시각적으로 안내함으로써, 예측 가능성을 높이는 데 사용할 수 있습니다. 또 지금 해야 할 과제를 적절하게 수행한다면, 그 뒤에는 이러한 보상(강화제)이 제공될 수 있는지를 시각적으로 안내함으로써, 목표 수행의 동기를 이끄는 데 활용할 수도 있습니다. "지금 네가 하기 힘들어하는 이 활동을 하면, 그 뒤에는 네가 좋아하는 활동을 할 수 있어."라고 알려주는 프리맥 원리(Premack Principle, 할머니 효과)의 시각적인 표현인 셈입니다. 예로 제시된 〈그림〉도 앉아서 밥을 먹는 것을 힘들어하는 자폐 스펙트럼 청소년에게 급식실에서 가서 앉아서 밥을 먹고 나면, 교실에 가서 컴퓨터를 할 수 있음을 꾸준히 알려주기 위해서 만들어진 먼저-나중에 시각적 스케줄 예입니다.

2. 활동 내 시각적 스케줄

보통 시각적 스케줄을 생각할 때, 일과 시간 동안 이루어질 활동들을 시간 순서대로 제시하는 형태를 가장 많이 떠올릴 수 있습니다. 하지만 그것 이상으로 중요한 시각적 스케줄은 한 활동(또는 한 시간) 내에서 이루어지는 하위 활동들을 시각적으로 안내하는 형태입니다. 특히 발달적 장애가 더 깊은 자폐 스펙트럼 아동과 청소년에게 시각적 스케줄을 적용하고자 한다면, 더더욱 그렇습니다. 당장 40~50분의 수업 시간 동안 어떠한 과제를 얼마나 해야 할지, 중간에 언제 쉴 수 있을지를 안내하는 과정이 이들의 도전적 행동을 예방하는 데 도움을 줄 수 있기 때문입니다. 활동 내 시각적 스케줄은 개별학습 공간이나 개별 책상 위에 붙여두고 사용할 수 있습니다.

〈그림〉 활동(수업) 내 시각적 스케줄의 예

위의 활동(수업) 내 시각적 스케줄의 예에서 보면, 한 시간 동안 이루어질 하위 활동들이 과제 칸에 순서대로 시각적으로 나열되어 있습니다. 1번 하위 활동(강의 참여하기)을 수행하고 나면, 자폐 스펙트럼 아동과 청소년은 스스로(또는 도움을 받아) 해당 그림 상징을 끝으로 옮겨 붙입니다. 그리고 2번 하위 활동을 시작합니다. 마찬가지로 2번 하위 활동을 마치면 해당 그림 상징을 끝으로 옮기고, 3번 하위 활동을 시작합니다. 3번 하위 활동을 마치면 다시 해당 그림 상징을 끝으로 옮김으로써, 한 시간의 활동이 종료되었음을 스스로 확인할 수 있습니다. 그림 상징을 과제와 끝 칸으로 떼었다가 붙였다가 해야 하니까 부직포 또는 자석을 이용하면 좋습니다. 어쨌든 이러한 방식으로 만들어지는 활동(수업) 내 시각적 스케줄은 학습자 스스로 활동의 진행을 점검하고 표시하도록 함으로써 예측 가능성을 높이는 동시에 자기결정 능력을 신장하는 데에도 도움을 줄 수 있습니다.

활동 내 시각적 스케줄을 만들 때 생각해보아야 할 점이 있다면, 매 활동(수업)마다 조금씩 다른 하위 활동을 모두 그림 상징으로 꼭 만들어두어야 하는지에 대한 것입니다. 가령 국어 시간, 수학 시간, 과학 시간, 체육 시간 등 다양한 수업 시간마다 이루어지는 하위 활동들은 실험 활동, 모둠 활동, 운동 등 매우 다양할 수 있습니다. 이러한 교과별 하위 활동을 모두 그림 상징으로 만드는 게 사실 쉬운 일은 결코 아닙니다. 제대로 시작도 못 해보고, 상징 카드를 만들다가 지치기 쉽습니다. 저자의 관점으로는 그렇게 하는 것도 실행할 수만 있다면 좋겠지만, 먼저 〈그림〉 예시에서처럼 여러 교과의 하위 활동에 공통으로 사용될 수 있는 제목으로 그림 상징을 만들어서 두루두루 활용하는 것으로 일단 시작하는 게 현실적이고 효율적이라고 생각합니다.

한편, 활동 내 시각적 스케줄을 활용하는 과정에서 각 하위 활동의 시간 흐름을 명확하게 알 수 있도록 돕는 것도 필요할 수 있습니다. 예를 들어, 중간 휴식시간이 얼마나 남았는지를 시각적으로 파악할 수 있도록 돕는 일을 말합니다. 이때는 파이 타이머(시각적 타이머)를 시각적 스케줄과 함께 활용해서 각 하위 활동별로 정해진 시간을 설정해두고, 빨간 표시가 모두 없어지면서 종이 울리면 다음 하위 활동으로 넘어가는 방식으로 교육 활동을 진행하면 각 하위 활동의 시간 흐름을 좀 더 명확하게 시각적으로 확인하게끔 도울 수 있습니다. 파이 타이머(시각적 타이머)는 크기별로 각종 온라인 사이트에서 손쉽게 구매할 수 있습니다.

〈그림〉 파이 타이머(시각적 타이머)

3. 활동 간 시각적 스케줄

활동 간 시각적 스케줄은 가장 일반적인 형태의 시각적 스케줄이라 할 수 있습니다. 보통 학교에서는 등교부터 하교까지의 일과를 시각적으로 제시하는 형태로 만들어집니다.

〈그림〉 활동 간 시각적 스케줄의 예 1(학교)

	1	2	3	4	5
활동					
끝					
	등교하기	교실수업 참여하기	점심밥 먹기	화장실 이용하기	체육 활동하기

* 이미지 출처: 장애학생 위기 행동 대처 매뉴얼(2019, 인천광역시교육청)

〈그림〉에서처럼 앞서 활동 내 시각적 스케줄과 같이 활동이 끝날 때마다 그림 상징을 '끝' 칸으로 옮겨 일과가 어디까지 진행되었는지 스스로 확인할 수 있게끔 할 수도 있습니다. 그리고 만약 시각적 스케줄을 사용하는 자폐 스펙트럼 아동이나 청소년이 그림이나 사진으로 이루어진 상징도 잘 이해하지 못하는 상황이라면, 다음 〈그림〉과 같이 실물 또는 실물 모형으로 시각적 스케줄을 만들어볼 수 있습니다.

<그림> 활동 간 시각적 스케줄의 예 2(실물을 이용한 경우)

한편, 가정에서라면, 아침에 일어나서 등교까지의 일과를 제시하거나, 하교 후부터 취침까지의 일과를 제시할 수도 있습니다. 또 주말이라면 하루에 걸쳐 이루어지는 활동을 시각적 스케줄로 만들어 제시할 수 있습니다.

<그림> 활동 간 시각적 스케줄의 예 3(가정-오후 시간)

	1	2	3	4	5
활동					
끝					
	바깥 활동하기	몸 씻기 (샤워 등)	저녁밥 먹기	양치하기	쉬다가 자기

* 이미지 출처: 장애학생 위기 행동 대처 매뉴얼(2019, 인천광역시교육청)

활동 간 시각적 스케줄을 만들 때는 이를 활용하는 자폐 스펙트럼 아동과 청소년의 발달적, 인지적 수준을 고려해서 그림 상징의 개수를 정할 수 있습니다. 가령 저녁밥을 먹기 전에 몸을 씻고, 저녁밥을 먹은 뒤에는 이를 닦는 것까지 자동으로 생각할 수 있는 경우라면, 몸 씻기, 저녁 식사, 그리고 양치질을 묶어서 '저녁 식사'를 표현하는 하나의 상징으로 제시할 수도 있습니다. 반면에 각 활동을 세세하게 안내해야 바로 다음 활동을 예측할 수 있는 경우라면, 여러 개의 상징으로 나누어서 제시할 수 있습니다.

4. 주별 또는 월별 시각적 스케줄

시각적 스케줄을 사용하는 자폐 스펙트럼 아동과 청소년의 발달적, 인지적 수준이 비교적 높고, 활동 내의 일과나 매일의 일과를 하나하나 시각적으로 안내하지 않아도 무리가 없는 경우라면, 주별 또는 월 단위로 그날의 특별한 활동(예: 현장체험학습 등)을 중심으로 간단하게 시각적 스케줄을 제공할 수도 있습니다. 혹은 활동 내 혹은 활동 간 시각적 스케줄을 사용하면서도, 별도로 보통의 일과와 다르게 진행되는 특별한 날을 미리 충분히 안내하는데 주별이나 월별 시각적 스케줄을 이용하기도 합니다.

〈그림〉 주별 시각적 스케줄의 예(2주간)

	월	화	수	목	금
1주	10.1 (병원 방문)	10.2 (영화관 이용)	10.3	10.4 (수영장 이용)	10.5 (체육관 방문)
2주	10.8 (병원 방문)	10.9 (소풍 가기)	10.10 (노래방 가기)	10.11	10.12 (마트 가기)

* 이미지 출처: 장애학생 위기 행동 대처 매뉴얼(2019, 인천광역시교육청)

블로그 참고 자료

먼저–다음에(first-then) 그림 카드를 사용해서, 발달장애 학습자의 예측 가능성을 높여 봅시다.
blog.naver.com/bjs718/222747189913

마지막으로 자폐 스펙트럼 청소년이 일과의 순서를 익히고, 가정과 학교에서 일상생활에서 정해진 시각적 스케줄을 따르면서 안정이 찾아오면, 조금씩 임의로 변화된 상황을 만들어서 자폐 스펙트럼 청소년이 이러한 변화를 인내하고, 나아가 변화된 상황이 가져오는 문제를 해결할 수 있는 기회를 제공할 수 있습니다. 실제 우리가 살아가는 세상은 끊임없는 변화가 주어지기 때문입니다. 다만 이러한 변화는 자폐 스펙트럼 청소년이 참아낼 수 있는 수준에서 차근차근 접근되어야 합니다. 또 미리 간단하게라도 이러한 변화를 시각적으로 안내함으로써, 마음의 준비를 하게 할 수 있습니다.

제17장

작업 시스템(학업 체계)으로 체계적인 학습을 꿈꾸다

작업 시스템(work system)은 학업 체계라는 말로 번역되기도 합니다. 작업 시스템은 부모님이나 선생님이 늘 자폐 스펙트럼 아동과 청소년 옆에 붙어서 지도하지 않아도, 주어진 과제의 의미, 수량, 결과물의 모습, 종료 시점 등을 이해하여 체계적이고 독립적인 학습활동을 수행하도록 하기 위한 전략입니다. 작업 시스템에는 다음과 같은 내용이 포함됩니다.

· 어떤 활동이나 과제를 수행해야 하는지

· 어느 정도 시간이나 분량의 활동을 수행해야 하는지

· 과제나 활동은 현재 어느 정도 진행되고 있으며, 언제쯤 끝나게 되는지

· 과제나 활동이 끝난 뒤에 나에게 주어지는 보상(강화제)은 무엇인지

〈그림〉 작업 시스템의 예

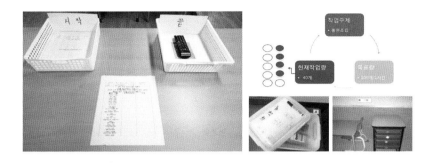

　위의 〈그림〉에서 볼 수 있듯이, 학습 과제물을 해야 할 양과 끝나면 얻을 수 있는 보상적 활동(예: 노래 부르기)을 시각적인 그림 상징이나 물건으로 제시하여 자폐 스펙트럼 아동과 청소년이 확인할 수 있도록 돕습니다. 과제가 진행되는 중간중간마다 스티커를 붙여서 얼마나 지나면 과제가 종료될 수 있을지 시각적으로 확인할 수 있게 돕기도 합니다. 또 벽에 붙은 색깔 순서대로 바구니에서 과제물을 꺼내서 수행한 뒤, 순서에 맞추어 모든 색의 바구니에 있는 과제를 수행하면 학습활동이 종료된다는 걸 알 수 있도록 지원하기도 합니다.

　티치 프로그램에서는 보통 왼쪽에서 오른쪽으로 과제 완성물을 옮기는 방식(예: '해야 할 것'이라고 적힌 왼편 바구니에서 과제물 꺼내 수행한 뒤 '다한 것'이라고 적힌 오른편 바구니로 옮김), 색깔 맞추기를 활용하는 방식, 상징 기호를 사용하는 방식, 발달적, 인지적 수준이 비교적 높을 때 적용하는 글자를 사용하는 방식(예: 과제 종류, 작업 시간, 작업량 등을 글로 적어서 안내함) 등을 적절하게 선택하여 적용할 수 있습니다.

제18장

독립적인 수행을 위한 과제 조직화(시각적 구조화) 실행하기

과제 조직화(task organization)는 과제 편성, 시각적 조직화 등으로 번역되기도 합니다. 과제 조직화는 과제 하나하나의 하위 수행 단계를 어떻게 해야 하는지 알기 쉽게 보여주는 전략입니다. 자폐 스펙트럼에 있는 사람들은 시각적 처리가 다른 처리 능력에 비해서 뛰어난 경우가 많습니다. 따라서 적절한 시각적 단서를 제공한다면, 과제를 최대한 자기 주도적으로 수행하도록 도울 수 있습니다.

예를 들어, 볼펜 조립을 과제로 한다면 볼펜의 조립 방법을, 상자를 만들고 포장하는 작업을 과제로 한다면 상자를 접는 방법을, 어떠한 물품을 기준에 따라 분류해서 담는다면 수납함마다 해당 기준을, 그리고 특정한 유형의 수학 문장제 문제를 해결하는 것을 목표로 한다면 해당 유형의 수학 문장제 문제를 푸는 과정 등을 동영상, 사진, 그림, 문자를 이용해서 자폐 스펙트럼 아동과 청소년이 이해하도록 자료로 만들어 제시할 수 있습니다. 자폐 스펙트럼 아동과 청소년은 이 자료를 활용해서 가능한 독립적으로 하위 단계를 수행해나가고, 최종적인 과제 완수에 도움을 받을 수 있습니다. 지금부터는 과제 조직화 자료의 예를 몇 가지 들어볼 수 있도록 하겠습니다.

〈그림〉 과제 조직화 자료의 예 1

볼펜 조립	1단계	2단계	3단계	4단계	5단계
	부품을 준비한다.	밀대를 끼운다.	볼펜 심을 끼운다.	스프링을 끼운다.	뚜껑을 돌려 끼운다.

*사진 출처: 국립특수교육원 진로와 직업교육 자료(www.nise.go.kr/eduCnts/)

　〈그림〉의 예 1은 볼펜 조립 과정을 단계별로 사진과 글로 제시하고 있는 자료입니다. 자폐 스펙트럼 아동과 청소년은 이 자료를 활용해서 볼펜 조립 작업을 스스로 수행해보고, 점검해볼 수 있습니다. 다만 발달적, 인지적 능력에 따른 수행 수준의 차이가 있을 수 있으므로, 대상에 따라서 조립 작업을 처음 습득할 때는 충분한 설명과 시범, 촉진(도움)과 촉진의 점진적인 줄이기 절차를 통해 직접적인 지도가 요구될 수도 있습니다. 전체 과제를 각 하위 단계로 나누는 과제분석(task analysis)을 할 때는 과제의 난이도나 이 자료를 사용하는 사람의 수행 수준을 고려해서 버튼을 하나 누르는 것과 같은 아주 작은 행동까지 세세하게 하나의 하위 단계로 나눌 수도 있고, 반대로 몇 개의 행동들을 묶어서 하위 단계로 설정할 수도 있습니다. 이러한 시각적 자료는 앞서 말 한대로, 수학 문장제 문제 해결 과정, 신체 활동 수행 과정, 단어의 뜻을 검색하는 과정 등 다양한 과제에 응용해서 사용할 수 있음은 물론입니다.

〈표〉과제 조직화 자료의 예 2

〈단색 볼펜 조립〉

단계	설 명	스스로 점검해보세요.	
		혼자서 수행	도움 받아 수행
1	단색 볼펜 조립에 필요한 5가지 부품을 준비합니다.		
2	밀대를 볼펜 몸에 딸깍 소리가 나도록 끼웁니다.		
3	볼펜 몸통에 볼펜 심을 넣습니다.		
4	스프링을 볼펜 심에 끼웁니다.		
5	볼펜 뚜껑을 돌려서 끼웁니다.		

〈표〉의 예 2는 글을 읽는 데 무리가 없는 자폐 스펙트럼 아동과 청소년을 위해서 사용될 수 있는 자료 형태입니다. 전체 과제를 수행하기 위한 각 하위 단계를 글로 한꺼번에 제시하여 참고할 수 있도록 합니다. 필요하다면 글 이외에 약간의 그림이나 사진 자료를 추가할 수도 있습니다. 또한 더 나아가 수행 과정을 혼자서 수행하고 있는지 아니면 잘못된 부분이 있어 다음을 받아 다시 수행했는지를 기록하도록 하여 자기 점검과 평가가 이루어지도록 할 수도 있습니다. 앞서 Ⅱ 파트의 자기결정 장에서도 언급한 바가 있지만, 자신의 행동을 스스로 점검하고 기록하면서 평가하는 절차를 꾸준히 해볼 수 있도록 돕는다면, 자폐 스펙트럼 아동과 청소년의 자기결정 능력 신장에 많은 도움이 될 수 있습니다.

<〈그림〉 과제 조직화 자료의 예 3

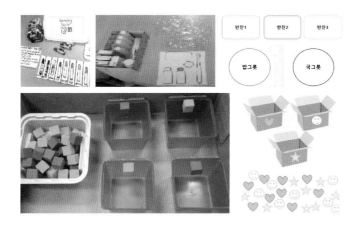

　〈그림〉의 예 3은 물품을 포장할 때, 포장 위치나 색깔 순서를 그려 놓은 종이를 제시하여, 이 자료를 참고하면서 독립적인 작업을 해볼 수 있도록 지원하고 있습니다. 또 가정에서 식사 시간에 밥상 차리는 일을 스스로 해보도록 지도할 때 옆에 두고 시각적으로 도움을 받을 수 있는 자료의 예도 있으며, 어떠한 물건을 색깔과 모양에 따라 분류할 수 있도록 돕는 방법의 예도 제시하고 있습니다. 이러한 방법들을 티치(TEACCH) 프로그램에서는 지그(jig)라고 부릅니다. 지그는 시각적 단서에 따라 과제의 작업 순서를 배우기 쉽게 고안된 일종의 보조 교재를 말합니다.

　지금까지 구조화된 교수의 대표적인 방법인 티치(TEACCH) 프로그램과 이 프로그램의 핵심인 물리적 구성, 시각적 스케줄, 작업체계, 과제 조직화에 대해서 간략하게나마 살펴보았습니다. '구글'에서 'TEACCH'라고 검색하면, 티치 프로그램을 적용하는 다양한 그림과 사진 예를 더욱 쉽게 확인할 수 있습니다. 저작권 문제로 이 책에 제시하기는 어렵습니다만, 직접 검색해서 보시면, 학교와 가정에서 티치 프로그램의 아이디어를 적용하는데 많은 힌트를 얻으실 것으로 생각해봅니다.

나가면서

제19장

진로 및 직업교육은
어디를 향해야 할까요

1. 하드 스킬(hard skill)보다 중요한 소프트 스킬(soft skill)

특수교육에서 진로 및 직업교육이라고 말하면 바리스타나 제과제빵 기술 등과 같이 특정 직무 기술을 가르치고 배우는 데 중점을 두는 경향이 아직도 많은 것 같습니다. 물론 중·고등학교에 해당하는 청소년기에는 여러 직무 영역을 경험하고 또 각 직무 영역의 중요한 기술을 배우는 일이 어느 정도 필요합니다.

하지만 사실 직업재활 현장에서 만나는 장애인 고용 업체의 사업주나 보호작업장 운영자, 그리고 직업재활 전문가 중 상당수가 하는 말은 이러한 경향과는 조금 다릅니다.

"그런 직무 기능까지 다 배워오면 좋죠. 근데 그건 우리가 가르칠 수 있고, 또 실제로 일하게 될 직무 현장에서 가르치는 게 더 효과적일 수 있어요."

그들은 직업 현장에서 사회성을 갖추고 생활하는 태도, 기본적인 일상생활에서의 자조 기술, 출퇴근 등의 지역사회 이동 관련 기술, 여러 직무에 대부분 쓰일 수 있는 기본적인 직무능력, 그리고 정해진 시간 동안 일할 수 있는 체력과 인내심 등을 기르는 것이 정말 중요한 지점이라고 말합니다. 이런 사항들이 실제 직업재활 현장에서 직업을 얻고, 또 얻은 직업을 장기간 유지하는 데 핵심적인 역할을 한다고 봅니다. 그러므로 중·고등학교 시기에 있는 자폐 스펙트럼 청소년을 위한 직업교육은 소프트 스킬을 하드 스킬보다 더 강조하고, 많은 시간을 들여 교육할 필요가 있습니다.

직업재활 영역에서는 어떠한 특정 직무 기술을 하드 스킬(hard skill)이라고 말합니다. 반대로 작업 완수, 정확성, 신뢰성(작업 시간 내 집중도, 근무 시간 준수 등), 기초적인 인사하기부터 좀 더 어려운 도움 구하기, 협력하기 등을 포함하는 사회적 기술, 그리고 자신의 직무 수행 정도를 스스로 점검하는 자기 점검, 누적해서 점검한 자료를 바탕으로 자신의 수행을 평가하고, 적절하게 스스로 피드백할 수 있는 능력 등을 포함하는 교육내용은 소프트 스킬(soft skill)이라고 부릅니다.

특수학교나 특수학급에서 이루어지는 이들을 위한 진로 및 직업교육은 물론 바리스타, 제과제빵 등 특정 직무에 대한 교육도 다 의미 있고 필요한 과정입니다. 그러나 그에 앞서서 먼저 가르쳐야 할 내용, 더 중요하게 생각해야 할 교육을 고민해 볼 필요가 있지 않을까 생각해보게 됩니다. 또 이러한 소프트 기술 중 상당수는 가정에서도 함께 꾸준히 가르칠 수 있는 내용이기도 하므로, 학교와 가정이 함께 노력할 필요가 있습니다. 마지막으로 직업재활 영역의 전문가들과 사업주가 주로 생각하고 있는 중·고등학교 과정에서의 직업교육(취업준비) 방향성은 다음과 같습니다. 참고로 이 내용은 국립특수교육원에서 실시한 '진로 및 직업교육 담당교사 연수자료(2019)'에서 발췌한 것을 일부 수정해서 제시하고 있습니다.

〈표〉 직업교육의 방향성

순	취업을 위해 필요한 것	어떻게 해야 할까요?
1	직업 및 취업 의식 심어주기	· 돈을 벌어야 하는 이유를 자주 이야기하기 · 취업해야 하는 몇 가지 이유를 이야기하기
2	정서 및 욕구 통제 방법 익히기	· 다소 하기 싫은 일도 수행할 수 있도록 지도하기 · 먹고 싶을 때 참을 수 있도록 지도하기 · 화가 났을 때 대처하는 방법 지도하기
3	직장 예절 및 태도 익히기	· 대중교통 이용, 청결 유지 등 일상생활 지도하기 · 인사, 고마움 표현, 보고 방법 등 지도하기
4	하루에 정해진 시간 동안 꾸준히 일할 수 있는 체력 기르기	· 집중력, 인내력, 지구력을 유지하도록 지도하기 · 꾸준한 운동 습관 형성으로 체력 증진하기
5	취업이 가능한 수준의 일반적인 작업수행 결과(양과 질 측면 고려)	· 양손과 손가락 속도 향상을 위한 훈련 지도하기 · 정확성, 관찰력, 오류 발생 시 수정 기술 지도하기

* 국립특수교육원, 2019에서 발췌

2. 자폐 스펙트럼 청소년의 특별한 흥미 영역을 반영하는 진로교육

2022년 여름에 인기리에 방영된 드라마 〈이상한 변호사 우영우〉에서 주인공인 우영우 변호사는 어렸을 때 고래에 관한 지대한 관심과 더불어 법률 지식에도 특별한 관심이 있었습니다. 주인공의 아버지는 주인공이 어렸을 때부터 이러한 관심 영역을 도전적 행동의 중재나 교육에 적극적으로 활용하였습니다. 아버지의 꾸준함과 주인공 본인의 노력 덕분에 법률 지식을 외우고 습득하는 일에 관한 특별한 흥미가 결국 미래의 진로와도 연결될 수 있었습니다.

물론 어디까지나 드라마의 내용이고, 드라마에서 우영우 변호사는 현실적으로 그렇게 비율이 높지 않은 천재적인 능력이 있는 자폐인으로 설정되어 있습니다. 하지만 꼭 '우영우' 변호사가 아니더라도, 자폐 스펙트럼에 있는 사람 중 상당수는 특별히 관심을 가지고 몰입하는 흥미 영역이 있습니다. 특히 지적장애를 동반하지 않았거나 인지적인 어려움이 크지 않다면 아무래도 특별한 흥미 영역이 더 두드러지게 나타나는 경향이 있습니다. 이를 영어로는 'Specific Interest Area'라고 부릅니다. 특수교육이나 복지 선진국에서는 자폐인의 특별한 흥미 영역을 교육 장면, 그중에서도 진로교육에 적극적으로 활용하고 있습니다. 외국에서는 자폐 스펙트럼에 있는 성인들도 자신이 가진 특별한 흥미 영역을 강점으로 활용하는 일이 만족스러운 직장생활과 직업 유지에 핵심적인 요인이 될 수 있음을 각종 인터뷰에서 밝히고 있습니다.

특별한 흥미 영역을 진로와 연결한 사례를 살펴보겠습니다. 먼저 지하철과 지하철 노선도에 특별한 관심을 가진 현우[가명]의 사례가 있습니다. 현우는 평소에도 유튜브로 지하철 관련 영상을 자주 시청하고, 틈틈이 지하철을 타고 이동하기를 즐깁니다. 지하철 노선도를 외우는 일도 좋아합니다. 이런 현우를 위해서 전공과에서는 지하철을 이용해서 물건을 배송하는 회사로의 취업을 추천했습니다. 지하철 택배는 장애인 등록이 되어있거나, 만 65세 이상인 사람은 지하철을 무료로 이용할 수 있기에 운영이 가능한 틈새업종입니다. 현우는 무거운 물건을 옮겨야 하거나, 고객을 대하는 일 등을 다소 힘들어하기도 합니다. 아직은 급여도 비교적 부족한 편입니다. 하지만 자신이 좋아하는 지하철을 매일 타면서, 취미로 외운 지하철 노선도를 직무에 적극적으로 활용할 수 있어서 지금의 일을 좋아합니다. 지하철 배송 요금도 과거보다 점점 더 올라가는 추세라서 급여도 오르고 있어 더 좋습니다. 일반적으로 장애인 취업 지속 기간이 여러 가지 이유로 꽤 낮은 데 비해서 현우는 몇 년 동안 이 일을 지속해서 해나가고 있습니다.

민서(가명)는 음료나 과자의 이름을 구별하고, 포장지나 캔을 모으는 취미가 있습니다. 또 물건을 정리하고 진열하는 일도 좋아하는 편입니다. 한국장애인고용공단 발달장애인훈련센터에서는 이런 민서의 특별한 흥미 영역을 고려해서, 무인자판기 관리원 직무 훈련을 추천했습니다. 무인자판기 관리원은 무인자판기에 정기적으로 과자나 음료 등 상품을 구별해서 진열하고, 청소까지 하는 일을 주로 합니다. 자판기에 문제가 있다면, 상급자에게 보고하기도 합니다. 일을 처음 배울 때는 제품의 가격표를 붙이고 자판기를 조작하는 일에 어려움을 느끼기도 했습니다. 하지만 평소 자신이 좋아하는 흥미를 어느 정도 충족하면서 일을 해나갈 수 있어서 만족해하는 편입니다. 다른 사람과 상호작용하는 것에 스트레스를 받을 때가 많은 민서의 성향을 고려할 때, 일하는 과정에서 다른 사람과 이야기할 일이 그렇게 많지 않다는 점도 이 일이 가진 장점 중 하나입니다.

이외에도 자동차나 도로에 흥미가 있고 작업을 어느 정도 할 수 있다면, 인공지능 기기에 쓰일 데이터를 라벨링하는 데이터 매니저(보조) 직무를 추천하고 직업교육을 해볼 수 있습니다. 또 물건을 정해진 기준에 맞게 분류하는 일을 좋아한다면, 사서 보조 직무를 가르칠 수도 있습니다. 사실 자폐 스펙트럼 청소년이 가진 특별한 흥미 영역을 곧바로 진로와 연결하는 일이 쉽지는 않습니다. 특히 장애인에 대한 진로 풀(pool)이 매우 한정적인 우리나라에서는 더욱 쉽지 않을 것입니다. 그렇다면 특별한 흥미 영역을 곧바로 진로와 연결하지는 못하더라도, 개별화된 맞춤형 특수교육 및 진로 및 직업교육의 동기를 형성하기 위한 하나의 재료로 활용하는 시도라도 해보는 게 필요합니다. 예를 들어, 스마트폰을 이용하는데 특별한 흥미 영역을 가지고 있는 자폐 스펙트럼 청소년이라면, 직업교육 과정에서 스마트 기기를 적극적으로 활용해본다든지, 스마트 기기를 일부라도 활용하는 직무 영역을 찾아서 교육한다든지 등의 고려를 해볼 수 있습니다. 한편, 한국장애인고용공단 홈페이지(www.kead.or.kr)에는 자폐 스펙트럼 장애를 포함한 다양한 장애영역의 진로 및 직업교육 및 훈련, 취업 정보 등을 포함하는 다양한 정보가 탑재되어 있습니다. 특히 홈페이지에서 장애인지원 → 장애인 직업영역개발 → 직업영역개발 자료실에 들어가면 당사자도 읽고 이해하기 쉽도록 쉬운 글로 쓴 직업 정보, 취업 준비서, 직장 예절 안내서, 직장 내 안전교육 지침서 등을 전자책으로 무료로 볼 수 있습니다.

<그림> 한국장애인고용공단 내 장애인 직업영역개발 자료실 화면

그렇습니다. 자폐 스펙트럼 청소년을 포함한 발달장애 영역의 진로 및 직업교육과 재활을 담당하는 사람들, 그리고 당사자와 가족들부터 특별한 관심 영역을 진로나 여가선용 기술 등 성인기 생활과 연결하려는 마음가짐을 가지고 좀 더 노력한다면, 다가오는 미래에는 더 나은 모습을 보게 될 것으로 확신해봅니다.

제20장

우리는 모두 스펙트럼의
어느 한 지점에
자리하고 있음을

몇 해 전에 연수차 방문했던 곳에서 《특수교사, 교육을 말하다》라는 책으로 특수교육 현장에서 유명한 이＊필 선생님에게 브로슈어 하나를 받았습니다. 서울특별시교육청의 '자폐학생의 마음읽기 교원학습공동체'라는 교사 학습공동체에서 제작한 브로슈어였습니다. 제목은 〈선생님께 들려드리는 나의 마음 이야기〉로, 자폐 스펙트럼의 특성과 교육적 지원 내용을 일반교육 교사들이 짧은 시간에 읽어보고, 필요하다면 교무수첩 등에 끼워서 가지고 다닐 수 있도록 간략하게 설명하고 있었습니다.

〈표〉 '선생님께 들려드리는 나의 마음 이야기' 브로슈어 내용 중 일부(수정)

순	주제	내용
1	제 표현에 담긴 의미에 관심 가져주세요.	· 저는 몸을 흔들거나 물건을 두드리면서 마음의 안정을 찾기도 해요. · 제가 귀를 막거나 소리를 지를 때는 너무 소란스럽거나 저를 힘들게 하는 자극 때문일 수 있어요. · 제가 이해하기 어려운 행동을 한다면 무엇이 나를 힘들게 하는지 물어봐 주세요.

2	변화가 있다면 미리 저에게 알려주세요.	· 저는 일과가 바뀌면 불안해요. 계획이 바뀌면 미리 알려주세요. 마음의 준비를 할 수 있어 덜 불안하답니다. · 짝을 바꿀 때는 제가 있을 때 해주세요. 갑자기 낯선 장소에 앉으라고 하면 당황스러울 수 있어요.
3	그림이나 사진으로 설명해 주세요.	· 글을 알아도 그림이나 사진을 보여주면, 더 쉽게 이해해요. · 제가 해야 할 일을 그림으로 설명해주세요. 더 잘할 수 있어요.
4	긍정적으로 말해주세요.	· "안 돼.", "하지 마."처럼 부정적인 말을 하면 당황스럽고 나를 싫어하는 것으로 느껴져서 화가 나기도 합니다. · "돌아다니지 마." 대신에 "자리에 앉자"라고 말해주세요. · "올라가지 마!" 대신에 "위험하니 내려오자."라고 말해주세요.
5	저에게도 기회를 주세요.	· 익숙해지려면 시간이 좀 더 걸릴 수 있어요. · 새로운 것들은 낯설고 두려워요. 처음에는 거부할 수도 있어요. 하지만 익숙해지면 저도 할 수 있어요. 조금 더 시간을 주세요. · 저는 매일 노력하고 있어요. 꾸준히 반복하고 시도하면 저도 충분히 배울 수 있어요. 저에게도 기회를 주세요.

이 자료를 보면서, '짧지만 꼭 필요한 내용을 담았구나' 하는 생각과 함께 이러한 지원 내용들이 비단 자폐 스펙트럼에 있든 그렇지 않든, 모든 학생을 교육하는데 필요한 원칙은 아닐까 싶었습니다. 필요의 정도는 다를 수 있겠지만 말입니다.

자폐 스펙트럼 아동이나 청소년을 가르치고 양육할 때 부모님과 선생님들이 가장 신경 쓸 지점이 있다면, 그것은 '예측 가능성'을 갖춘 공간과 시간을 구성하는 일입니다. 앞선 〈표〉의 두 번째 주제인 '변화가 있다면 저에게 미리 알려주세요.'에서도 이에 대해 잘 설명하고 있습니다. 아동이나 청소년이 아닌 성인도 마찬가지일 것입니다. 아무튼, 자폐 스펙트럼 아동과 청소년은 지금 있는 일에 이어 일어날 사건을 예측할 수 있도록 해주어야, 안정감을 느끼면서 활동에 임할 수 있습니다. 만약 예측하지 못한 사건이나 활동이 갑작스럽게 부여될 때, 그 활동이 학생에게 많은 흥미를 주는 일이라면 모르겠지만, 대체로 자폐 스펙트럼 아동과 청소년은 심리적으로 힘들어합니다. 이에 따라 크고 작은 도전적 행동이 나타날 수도 있습니다.

여담이지만, 이러한 이유 때문에 저는 특수학교 등 특수교육을 전문으로 하는 기관에서 조금은 갑작스럽게 행사가 운영되는 것을 그리 좋아하지 않습니다. 자폐 스펙트럼 장애 등 발달장애 학생들이 재학하는 특수교육 전문 기관이라면 대체로 예측이 가능한 수준에서 일과가 운영되도록 노력해야 한다고 생각합니다. 그리고 행사 계획이 잡혔다면, 사전에 선생님이 학생들에게 충분히 안내할 수 있도록 넉넉한 간격을 두고 이루어져야 한다고 봅니다.

다시 돌아가면, 그래서 자폐 스펙트럼 아동과 청소년을 위한 교육 방법에는 예측 가능한 일과를 만들어주기 위해 그림이나 실물, 사진 등의 시각적인 방법으로 스케줄(일과표)을 제작해서 활용하거나, 현장체험학습이나 수학여행 등 새로운 활동을 미리 준비하기 위해서 동영상이나 사진 자료 또는 언어로 사건이나 활동을 미리 반복해서 접할 수 있도록 하여, 다가올 새로운 상황에 대한 적응을 돕는 프라이밍(priming) 전략 등이 활용될 수 있습니다. 또 이들이 가진 동일성에 대한 선호를 하나의 강점으로 바라보고, 이러한 선호를 의사소통 교육이나 직무 영역 개발에 활용하기도 합니다. 대부분이 책에서 언급된 내용입니다.

자폐 스펙트럼 아동과 청소년 더 나아가 성인에 이르기까지 예측 가능성은 매우 중요합니다. 그렇다면 우리는 어떠할까요? 사람의 성향에 따라서 그 정도는 분명 다를 수 있습니다. 하지만 우리 역시 대부분 예측 가능한 삶을 추구하면서 살아가는 게 아닐까 하는 생각을 해보게 됩니다. 이 책의 저자인 저의 사례를 들어보겠습니다. 저는 2020년 3월에 10년여 동안 특수교사로 몸담아왔던 시·도를 떠났습니다. 대신 '시·도간 인사교류'라는 방법으로 지금 근무하는 지역에 새롭게 발령받게 되었습니다. 원래 공립학교 교사는 발령받은 광역자치단체(특별시, 광역시, 도 등) 안에서만 정기적으로 이동하게 됩니다. 하지만 개인 사정상 어쩔 수 없이 인사교류를 신청해서 아예 다른 광역자치단체로 옮기게 되었습니다.

발령 확정 통지를 받았을 때, 몇 달 동안 저는 걱정을 많이 했습니다. 사실 최종적인 결정은 제가 한 것이지만, 정들었던 곳에서의 교직 생활을 정리하고 떠난다는 것이 시간이 다가올수록 스트레스로 다가왔습니다. 사실 저는 적응이 좀 느린 사람이기도 합니다. 새로운 것, 새로운 기기, 새로운 환경에 대한 적응도 느린 편이고, 처음 무언가를 배울 때는 배움도 비교적 느린 편입니다. 그래서 무언가를 하나 배우려면, 조바심 내지 않고 시간을 충분히 가지면서 꾸준히 노력해야 하는 편입니다. 그래서 공립학교 교사로서 학교를 옮길 때도, 새 학교에 적응하는 데 상당히 오랜 시간이 걸리곤 했습니다.

그런데 단순히 학교를 옮기는 것을 넘어서서, 다른 시·도로 자리를 옮긴다고 생각하니, 현기증이 밀려왔습니다. 솔직히 여러 가지 생각으로 꽤 많은 두려움이 생기기도 했던 것 같습니다. 새로운 시·도, 새로운 학교 시스템, 새로운 사람들, 그렇게 모든 것이 새로운 곳에서 (사실 지나고 보면 어차피 엄청나게 새로울 점도 많지 않음을 알게 되지만) 잘 적응할 수 있을지 걱정이 되었습니다. 일단 무엇보다 당시에 옮기는 시·도에서 어디로 발령받을지 제가 결정할 수 없고, 알기도 힘들었다는 점이 큰 걱정 중 하나였습니다.

그렇습니다. 그것은 '예측 가능성'이라는 것이 상당히 부족하다는 의미입니다.

저는 당시 느낀 두려움이나 스트레스의 어느 한 지점에서 자폐 스펙트럼에 있는 학생들을 생각해보게 되었습니다. '자폐 스펙트럼에 있는 우리 학생들도 예측하지 못한 갑작스러운 변화, 내가 스스로 조절하지 못한 변화에 두려움과 스트레스를 느끼겠구나. 그리고 아마도 그 두려움은 지금 내가 가진 것보다는 훨씬 큰 것일 수도 있겠구나.' 부끄러웠습니다. 이론적으로는 자폐 스펙트럼이 있는 사람들에게 있어 '예측 가능성'이 가진 중요성을 외우고 있었음에도, 그런 생각을 이렇게나 깊게 해본 적은 없었습니다.

그렇습니다.

나 역시,
그리고 넘겨짚는 것 같아 조심스럽지만, 이 책을 읽는 독자분들을 포함한
우리 모두 역시,

'자폐'라고 부르기는 하지만 결코 하나로 정의할 수 없는
넓은 스펙트럼에서 어느 한 색깔로 존재하는 것이 아닐까 하고
생각해 봅니다.

그리고 당시의 저는 자폐 스펙트럼에 있는 사람들과
좀 더 가까운 어느 스펙트럼의 지점에 있지 않았을까 합니다.

내가 느꼈던 감정으로,
자폐 스펙트럼에 있는 사람들의 마음을 이해해보려고 합니다.
반대로
그들의 감정을 통해서,
내 마음을 이해해볼 수도 있을 테지요.

결국 '장애'라는 것, '자폐'라는 것도 필요에 따라 붙인 이름일 뿐,
우리는 모두 '인간'이라는 큰 스펙트럼 안에 나만의 고유한 색깔로
존재하고 있으니까요.

이 책에서 자폐 스펙트럼의 고유한 특성을 이야기하면서, 조금은 차별화
된 교육과 지원의 필요성을 강조하기도 했습니다. 그럼에도 불구하고, 결국

'다르되 다르지 않다'라는 다소 역설적인 말의 뜻을 이해해주십사 하는 마음으로 마지막 장을 써봤습니다. 저 역시 특수교육자로서 참 부족한 점이 너무나도 많지만, 부족한 점이 많기에 늘 저 문구를 되뇌어 보도록 하겠습니다.

마지막으로 블로그 '석이 선생님의 특수교육 이야기'에는 이 책에 담지 못한 내용이나 정보, 자료들을 담아두고 있습니다. 대단히 유용할지는 모르겠지만, 책에서 부족했던 내용이나 설명이 있다면 블로그를 통해서 추가로 학습해주시면 감사하겠습니다. 이 책이 가정과 학교 등에서 자폐 스펙트럼 청소년을 효과적으로 지원하는 데 조금이나마 도움이 되길 바랍니다.

지금까지 부족한 책을 읽어 주셔서 감사합니다.

참고문헌

교육부 (2015), 2015개정 특수교육 기본교육과정 총론 및 각론.

국립특수교육원 (2017), 장애학생 부모 양육 지원 가이드북: 공통 양육 지원.

국립특수교육원 (2018), 국립특수교육원 적응행동검사 개발.

국립특수교육원 (2018), 장애학생 진로 · 직업교육 개정 성과지표 실시요강.

국립특수교육원 (2019), 진로 및 직업교육 담당자 연수자료.

국립특수교육원 (2020), 발달장애인의 도전적 행동 중재 매뉴얼.

김붕년 외. (2022), 자폐 부모교육 2판. 학지사.

노미영 역 (2017), 발달장애와 경계선급 3남매를 웃으면서 키우는 108가지 육아법. 마고북스.

민정윤 역 (2018), 집에서 하는 ABA 치료 프로그램. 예문아카이브.

박경옥, 이병혁 역 (2019), 중등도 및 중도장애 학생을 위한 체계적 교수(원제 Collins, B. C. (2012), systematic instruction for students with moderate and severe disabilities), 시그마프레스.

변관석 (2021), 발달장애 청소년 자립생활 체계적으로 지원하기 개정판. 이담북스.

변관석 (2020), 학교와 가정에서 활용하는 발달장애 학생을 위한 특수교육 중재 제2판. 도서출판 공동체.

이규원 역 (2008), 자폐아이 생활백서. 한울림스페셜.

이숙향 역 (2010), 발달장애 학생의 자기결정 증진 전략. 학지사.

이윤정 역 (2019), TEACCH, 지금 행복하고 건강하게 자폐와 더불어 사는 법. 마고북스.

인천광역시교육청 (2019), 2019년 장애학생 위기 행동 대처 매뉴얼. 교육부.

자폐 아동의 마음읽기 교원 학습공동체 (2019), 선생님께 들려드리는 나의 마음 이야기 브로슈어. 서울특별시교육청.

장혜성, 김수진, 김지영 (2016), 기능적 기술 습득을 위한 개별화교육프로그램의 실제 제3판. 교육과학사.

정경미 역 (2013), 자폐증 치료를 위한 ABA치료 프로그램. 학지사.

최진혁, 박혜숙 (2013), 당당엄마 특수교육. 시그마프레스.

한상민 역 (2020), 우리 아이 언어 발달 ABA 치료 프로그램. 서울: 예문아카이브.

Brock, et al., (2021), Efficacy of Tiered Training on Paraeducator Implementation of Systematic Instructional Practices for Students With Severe Disabilities. Exceptional Children, 87(2), 217-235.

Browder, D. M., Wood, L., Thompson, J., & Ribuffo, C. (2014), Evidence-based practices for students with severe disabilities (Document No. IC-3), Retrieved from University of Florida, Collaboration for Effective Educator, Development, Accountability, and

Reform Center.

Cullen, J. M., & Alber-Morgan, S. R. (2015), Technology mediated self-prompting of daily living skills for adolescents and adults with disabilities: A review of the literature. Education and Training in Autism and Developmental Disabilities, 50(1), 43.

Gensic, J. (2020), What your child on the spectrum really needs. AAPC publishing.

Gilson, C. B., Carter, E. W., & Biggs, E. E. (2017), Systematic review of instructional methods to teach employment skills to secondary students with intellectual and developmental disabilities. Research and Practice for Persons with Severe Disabilities, 42(2), 89-107.

IRIS center, (2022), What evidence-based mathematics practices can teachers employ?. iris.peabody.vanderbilt.edu/module/math/cresource/q2/p04/#content.

Oclay-Gul, Vuran (2019), Effectiveness of teaching social skill to individuals with autism spectrum disorders using cool versus not cool. Education and training in autism and developmental disabilities. 54(2), 132-146.

Pennington, et al., (2020), Use of a technology-based instructional package to teach opinion writing to students with intellectual disability. Education and Training in Autism and Developmental Disabilities, 55(4), 398-408.

The Center on Secondary Education for Students with Autism Spectrum

Disorders (2022), Professionals. csesa.fpg.unc.edu/.

The National Professional Development Center (2020), Evidence based practices (2011~2020), The National Professional Development Center.

Wehmeyer, M., Field, S., Doren, B., Jones, B. & Mason, C. (2004), Self-determination and student involvement in standards-based reform. Exceptional Children, 70(4), 413-425.

Weng, P. & Bouck, E. C. (2017), A toolbox for teaching price comparison to students with disabilities. Teaching Exceptional Children, 49(5), 347-354.

Yakubova, G., Hughes, E. M., & Hornberger, E. (2015), Video-based intervention in teaching fraction problem-solving to students with autism spectrum disorder. Journal of Autism and Developmental Disorders, 45(9), 2865-2875.

Zhang, J., Mandy, R., Xin, Y., & Sulu, M. (2022), Mathematics intervention for secondary students with autism spectrum disorder: A review of research quality. Education and Treaining in Autism & Developmental Disabilites, 57(3), 247-260.

* 본문에 사용된 이미지는 저자가 직접 촬영하거나 픽사베이(www.pixabay.com)의 상업적 용도 이용 가능한 자료를 활용함. 그 외의 이미지는 출처를 별도로 표기함.

자폐 스펙트럼 청소년
효과적으로 지원하기

초판인쇄 2023년 2월 28일
초판발행 2023년 2월 28일

지은이 변관석
발행인 채종준

출판총괄 박능원
책임편집 유 나
디자인 서혜선
마케팅 문선영 · 전예리
전자책 정담자리
국제업무 채보라

브랜드 이담북스
주소 경기도 파주시 회동길 230(문발동)
문의 ksibook13@kstudy.com

발행처 한국학술정보(주)
출판신고 2003년 9월 25일 제406-2003-000012호
인쇄 북토리

ISBN 979-11-6983-103-1 13330

이담북스는 한국학술정보(주)의 학술/학습도서 출판 브랜드입니다. 이 시대 꼭 필요한 것만 담아
독자와 함께 공유한다는 의미를 나타냈습니다. 다양한 분야 전문가의 지식과 경험을 고스란히
전해 배움의 즐거움을 선물하는 책을 만들고자 합니다.